Machado de Assis

para principiantes

Machado de Assis
para principiantes

ORGANIZADOR
MARCOS BAGNO

editora ática

Machado de Assis para principiantes
© Marcos Bagno, 1997

Editor	Fernando Paixão
Editor assistente	Otacílio Nunes
Coordenadoras de revisão	Sandra Brazil
	Ivany Picasso Batista
Revisores	Márcio Araújo
	Cátia de Almeida
ARTE	
Projeto gráfico e ilustrações	Walter Vasconcelos
Editor	Marcello Araujo
Editoração eletrônica	Moacir K. Matsusaki

CIP-BRASIL. CATALOGAÇÃO NA FONTE
SINDICATO NACIONAL DOS EDITORES DE LIVROS, RJ

A866m
2.ed.

Assis, Machado de, 1839-1908
   Machado de Assis para principiantes / organização Marcos Bagno. - 2.ed. - São Paulo : Ática, 1999.
   182p. : il.

Contém suplemento de leitura
ISBN 978-85-08-07191-3

1. Assis, Machado de, 1839-1908 - Crítica e interpretação. 2. Ficção brasileira. I. Bagno, Marcos, 1961-. II. Título.

10-2049.   CDD: 869.93
                                            CDU: 821.134.3(81)-3

ISBN 978 85 08 07191-3 (aluno)
ISBN 978 85 08 07193-7 (professor)

2021

2ª edição
22ª impressão
Impressão e acabamento: Log&Print Gráfica e Logística S.A.

Todos os direitos reservados pela Editora Ática
Av. Otaviano Alves de Lima, 4400 - CEP 02909-900 - São Paulo, SP
Atendimento ao cliente: 4003-3061 - atendimento@atica.com.br
www.atica.com.br - www.atica.com.br/educacional

IMPORTANTE: Ao comprar um livro, você remunera e reconhece o trabalho do autor e o de muitos outros profissionais envolvidos na produção editorial e na comercialização das obras: editores, revisores, diagramadores, ilustradores, gráficos, divulgadores, distribuidores, livreiros, entre outros. Ajude-nos a combater a cópia ilegal! Ela gera desemprego, prejudica a difusão da cultura e encarece os livros que você compra.

SUMÁRIO

Apresentação 7

ADULTÉRIO 9
O relógio de ouro 14

CETICISMO 23
Último capítulo 27

DINHEIRO 37
O empréstimo 43

LOUCURA 53
A segunda vida 58

MULHERES 67
Uma senhora 71

POLÍTICA 79
A sereníssima República 84

SENSUALIDADE 93
Uns braços 100

SER & PARECER 111
O espelho 115

VAIDADE 125
Fulano 128

HUMOR 135
Quem conta um conto... 141

VIDA & OBRA de Machado de Assis
Um mundo que se mostra por dentro e se esconde por fora 159

APRESENTAÇÃO

Quando se vai a um bom restaurante, é comum ficar-se indeciso diante da variedade de pratos gostosos oferecidos no cardápio. A melhor maneira de resolver esse "problema" — já que não se pode comer de tudo numa só refeição — é voltar várias vezes ao mesmo local para ir experimentando aos poucos tudo o que ele oferece de bom.

Foi essa a ideia que tivemos ao preparar esse "cardápio" de Machado de Assis. Aqui o leitor encontra um pouco de tudo o que há de mais saboroso na obra do nosso grande escritor — aperitivos, entradas e pratos principais. A escolha fica ao gosto do freguês, e, para facilitá-la, organizamos as opções de acordo com alguns temas capazes de agradar ao apetite mais exigente.

São dez os temas selecionados — adultério, ceticismo, dinheiro, loucura, mulheres, política, sensualidade, ser/parecer, vaidade e humor —, escolhidos entre aqueles mais frequentemente apontados pelos estudiosos de Machado, mas que de modo nenhum esgotam a riqueza de abordagens possíveis de sua obra.

Os *aperitivos* são pequenas frases e citações que, com poucas e afiadas palavras, introduzem o tema.

As *entradas* são trechos um pouco mais longos, extraídos de contos ou romances, que ilustram com mais pormenor a forma do autor de tratar o assunto.

E os *pratos principais* são contos, em texto integral, que permitem um mergulho mais fundo na visão de mundo muito particular e no estilo inigualável do autor de *Dom Casmurro*. Por causa desta organização, o livro não precisa ser lido de uma só vez, da primeira à última página, na ordem em que os temas aparecem. Aliás, é muito mais interessante abri-lo ao acaso, deparar com um tema inesperado e deliciar-se com a "cozinha" maravilhosa do Bruxo.

Machado de Assis para principiantes? Que ninguém se ofenda com esse título. Afinal, diante de um grande autor como este, os estudiosos de sua obra e até mesmo outros grandes escritores reconhecem que não passam de principiantes, pois estão sempre a descobrir novas e admiráveis surpresas, que só se revelam depois de muitas leituras. Como disse Monteiro Lobato a respeito dele: "É grande, é imenso, o Machado. É o pico solitário das nossas letras. Os demais nem lhe dão pela cintura".

Marcos Bagno

ADULTÉRIO

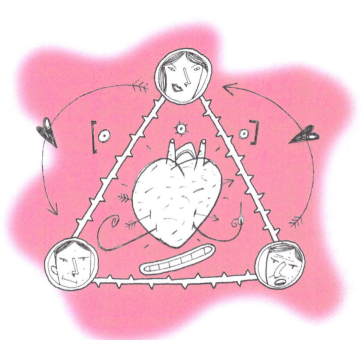

O triângulo amoroso, composto em geral de dois homens e uma mulher casada com um deles, é o esquema básico dos grandes romances de Machado de Assis, bem como de alguns de seus contos. O adultério, porém, nem sempre fica explícito. Às vezes é apenas insinuado, sugerido, e não é raro o leitor ficar na dúvida: existiu realmente a traição?

"A mulher quando ama a outro homem, parece-lhe que mente a um dever, e portanto tem de dissimular como arte maior, tem de refinar a aleivosia."
Memórias póstumas de Brás Cubas

"A minha primeira amiga e o meu maior amigo, tão extremosos ambos e tão queridos também, quis o destino que acabassem juntando-se e enganando-me."
Dom Casmurro

"Adriana é casada; o marido conta cinquenta e dois anos, ela trinta imperfeitos. Não amou nunca, não amou mesmo o marido, com quem casou por obedecer à família. Eu ensinei-lhe ao mesmo tempo o amor e a traição; é o que ela me diz nesta casinha que aluguei fora da cidade, de propósito para nós."
Conto "Primas de Sapucaia!"

"— Não me expliques nada — disse eu entrando no quarto —; é o negócio da baronesa.
Norberto enxugou os olhos e sentou-se na cama, com as pernas pendentes. Eu, cavalgando uma cadeira, pousei a barba no dorso, e proferi este breve discurso:
— Mas, meu pateta, quantas vezes queres que te diga que acabes com essa paixão ridícula e humilhante? Sim, senhor, humilhante e ridícula, porque ela não faz caso de ti; e demais, é arriscado. Não? Verás se o é, quando o barão desconfiar que lhe arrastas a asa à mulher. Olha que ele tem cara de maus bofes."
Conto "Eterno!"

"Nunca tinha ido ao teatro, e mais de uma vez, ouvindo dizer ao Meneses que ia ao teatro, pedi-lhe que me levasse consigo. Nessas ocasiões, a sogra fazia uma careta, e as escravas riam à socapa; ele não respondia, vestia-se, saía e só tornava na manhã seguinte. Mais tarde é que eu soube que o teatro era um eufe-

ADULTÉRIO

mismo em ação. Meneses trazia amores com uma senhora, separada do marido, e dormia fora de casa uma vez por semana. Conceição padecera, a princípio, com a existência da comborça; mas, afinal, resignara-se, acostumara-se, e acabou achando que era muito direito."

Conto "Missa do Galo"

"A comunhão dos interesses apertou os laços da intimidade. Garcia tornou-se familiar na casa; ali jantava quase todos os dias, ali observava a pessoa e a vida de Maria Luísa, cuja solidão moral era evidente. E a solidão como que lhe duplicava o encanto. Garcia começou a sentir que alguma coisa o agitava, quando ela aparecia, quando falava, quando trabalhava, calada, ao canto da janela, ou tocava ao piano umas músicas tristes. Manso e manso, entrou-lhe o amor no coração. Quando deu por ele, quis expeli-lo, para que entre ele e Fortunato não houvesse outro laço que o da amizade; mas não pôde. Pôde apenas trancá-lo; Maria Luísa compreendeu ambas as coisas, a afeição e o silêncio, mas não se deu por achada."

Conto "A causa secreta"

"Uniram-se os três. Convivência trouxe intimidade. Pouco depois morreu a mãe de Camilo, e nesse desastre, que o foi, os dois mostraram-se grandes amigos dele. Vilela cuidou do enterro, dos sufrágios e do inventário; Rita tratou especialmente do coração, e ninguém o faria melhor.

Como daí chegaram ao amor, não o soube ele nunca. A verdade é que gostava de passar as horas ao lado dela; era a sua enfermeira moral, quase uma irmã, mas principalmente era mulher e bonita. *Odor di femina*: eis o que ele aspirava nela, e em volta dela, para incorporá-lo em si próprio. Liam os mesmos livros, iam juntos a teatros e passeios. Camilo ensinou-lhe as damas e o xadrez e jogavam às noites; — ela mal, — ele, para lhe ser agradável, pouco menos mal. Até aí as cousas. Agora a ação da pessoa, os olhos teimosos de Rita, que procuravam muita vez os dele, que os consultavam antes de o fazer ao marido, as mãos frias, as atitudes insólitas. Um dia, fazendo ele anos, recebeu de Vilela uma rica bengala de presente, e de Rita apenas um cartão com um vulgar cumprimento a lápis, e foi então que ele pôde ler no próprio coração; não conseguia arrancar os olhos do bilhetinho. Palavras vulgares; mas há vulgaridades sublimes, ou, pelo menos, deleitosas. A velha caleça de praça, em que pela primeira vez passeaste com a mulher amada, fechadinhos ambos, vale o carro de Apolo. Assim é o homem, assim são as cousas que o cercam."

Conto "A cartomante"

Leremos a seguir dois trechos do romance *Dom Casmurro*, que contém o caso de adultério mais famoso da literatura brasileira, do qual, porém, o leitor nunca terá absoluta certeza. O primeiro narra as reações de Capitu durante o enterro de Escobar, grande amigo de Bento, marido dela, que desconfia do envolvimento de ambos. No segundo trecho Bento, o narrador, acredita ter descoberto, na semelhança física entre seu filho Ezequiel e o falecido Escobar, a prova da traição de Capitu.

"CXXIII – Olhos de ressaca

Enfim, chegou a hora da encomendação e da partida. Sancha quis despedir-se do marido, e o desespero daquele lance consternou a todos. Muitos choravam também, as mulheres todas. Só Capitu, amparando a viúva, parecia vencer-se a si mesma. Consolava a outra, queria arrancá-la dali. A confusão era geral. No meio dela, Capitu olhou alguns instantes para o cadáver tão fixa, tão apaixonadamente fixa, que não admira lhe saltassem algumas lágrimas poucas e caladas…

ADULTÉRIO

As minhas cessaram logo. Fiquei a ver as dela; Capitu enxugou-as depressa, olhando a furto para a gente que estava na sala. Redobrou de carícias para a amiga, e quis levá-la; mas o cadáver parece que a tinha também. Momento houve em que os olhos de Capitu fitaram o defunto, quais os da viúva, sem o pranto nem palavras desta, mas grandes e abertos, como a vaga do mar lá fora, como se quisesse tragar também o nadador da manhã."

"CXXXIX – A fotografia

Palava que estive a pique de crer que era vítima de uma grande ilusão, uma fantasmagoria de alucinado; mas a entrada repentina de Ezequiel, gritando: — 'Mamãe! mamãe! é hora da missa!' restituiu-me à consciência da realidade. Capitu e eu, involuntariamente, olhamos para a fotografia de Escobar, e depois um para o outro. Desta vez a confusão dela fez-se confissão pura. Este era aquele; havia por força alguma fotografia de Escobar pequeno que seria o nosso pequeno Ezequiel. De boca, porém, não confessou nada; repetiu as últimas palavras, puxou do filho e saíram para a missa."

CONTO

O relógio de ouro

Agora contarei a história do relógio de ouro. Era um grande cronômetro, inteiramente novo, preso a uma elegante cadeia. Luís Negreiros tinha muita razão em ficar boquiaberto quando viu o relógio em casa, um relógio que não era dele, nem podia ser de sua mulher. Seria ilusão dos seus olhos? Não era; o relógio ali estava sobre uma mesa da alcova, a olhar para ele, talvez tão espantado, como ele, do lugar e da situação.

Clarinha não estava na alcova quando Luís Negreiros ali entrou. Deixou-se ficar na sala, a folhear um romance, sem corresponder muito nem pouco ao ósculo com que o marido a cumprimentou logo à entrada. Era uma bonita moça esta Clarinha, ainda que um tanto pálida, ou por isso mesmo. Era pequena e delgada; de longe parecia uma criança; de perto, quem lhe examinasse os olhos, veria bem que era mulher como poucas. Estava molemente reclinada no sofá, com o livro aberto, e os olhos no livro, os olhos apenas, porque o pensamento, não tenho certeza se estava no livro, se em outra parte. Em todo o caso parecia alheia ao marido e ao relógio.

Luís Negreiros lançou mão do relógio com uma expressão que eu não me atrevo a descrever. Nem o relógio, nem a corrente eram dele; também não eram de pessoas suas conhecidas. Tratava-se de uma charada. Luís Negreiros gostava de charadas, e passava por ser decifrador intrépido; mas gostava de charadas nas folhinhas ou nos jornais. Charadas palpáveis ou cronométricas, e sobretudo sem conceito, não as apreciava Luís Negreiros.

ADULTÉRIO

Por esse motivo, e outros que são óbvios, compreenderá o leitor que o esposo de Clarinha se atirasse sobre uma cadeira, puxasse raivosamente os cabelos, batesse com o pé no chão, e lançasse o relógio e a corrente para cima da mesa. Terminada esta primeira manifestação de furor, Luís Negreiros pegou de novo nos fatais objetos, e de novo os examinou. Ficou na mesma. Cruzou os braços durante algum tempo e refletiu sobre o caso, interrogou todas as suas recordações, e concluiu no fim de tudo que, sem uma explicação de Clarinha qualquer procedimento fora baldado ou precipitado.

Foi ter com ela.

Clarinha acabava justamente de ler uma página e voltava a folha com o ar indiferente e tranquilo de quem não pensa em decifrar charadas de cronômetro. Luís Negreiros encarou-a; seus olhos pareciam dous reluzentes punhais.

— Que tens? — perguntou a moça com a voz doce e meiga que toda a gente concordava em lhe achar.

Luís Negreiros não respondeu à interrogação da mulher; olhou algum tempo para ela; depois deu duas voltas na sala, passando a mão pelos cabelos, por modo que a moça de novo lhe perguntou:

— Que tens?

Luís Negreiros parou defronte dela.

— Que é isto? — disse ele tirando do bolso o fatal relógio e apresentando-lho diante dos olhos. — Que é isto? — repetiu ele com voz de trovão.

Clarinha mordeu os beiços e não respondeu. Luís Negreiros esteve algum tempo com o relógio na mão e os olhos na mulher, a qual tinha os seus olhos no livro. O silêncio era profundo. Luís Negreiros foi o primeiro que o rompeu, atirando estrepitosamente o relógio ao chão, e dizendo em seguida à esposa:

— Vamos, de quem é aquele relógio?

Clarinha ergueu lentamente os olhos para ele, abaixou-os depois, e murmurou:

— Não sei.

Luís Negreiros fez um gesto como de quem queria esganá--la; conteve-se. A mulher levantou-se, apanhou o relógio e pô-lo

sobre uma mesa pequena. Não se pôde conter Luís Negreiros. Caminhou para ela, e, segurando-lhe nos pulsos com força, lhe disse:
— Não me responderás, demônio? Não me explicarás esse enigma?

Clarinha fez um gesto de dor, e Luís Negreiros imediatamente lhe soltou os pulsos que estavam arrochados. Noutras circunstâncias é provável que Luís Negreiros lhe caísse aos pés e pedisse perdão de a haver machucado. Naquela, nem se lembrou disso; deixou-a no meio da sala e entrou a passear de novo, sempre agitado, parando de quando em quando, como se meditasse algum desfecho trágico.

Clarinha saiu da sala.

Pouco depois veio um escravo dizer que o jantar estava na mesa.
— Onde está a senhora?
— Não sei, não, senhor.

Luís Negreiros foi procurar a mulher, achou-a numa saleta de costura, sentada numa cadeira baixa, com a cabeça nas mãos a soluçar. Ao ruído que ele fez na ocasião de fechar a porta atrás de si, Clarinha levantou a cabeça, e Luís Negreiros pôde ver-lhe as faces úmidas de lágrimas. Esta situação foi ainda pior para ele que a da sala. Luís Negreiros não podia ver chorar uma mulher, sobretudo a dele. Ia enxugar-lhe as lágrimas com um beijo, mas reprimiu o gesto, e caminhou frio para ela; puxou uma cadeira e sentou-se em frente de Clarinha.
— Estou tranquilo, como vês, — disse ele —, responde-me ao que te perguntei com a franqueza que sempre usaste comigo. Eu não te acuso nem suspeito nada de ti. Quisera simplesmente saber como foi parar ali aquele relógio. Foi teu pai que o esqueceu cá?
— Não.
— Mas então...
— Oh! não me perguntes nada! — exclamou Clarinha —, ignoro como esse relógio se acha ali... Não sei de quem é... deixe-me.

ADULTÉRIO

— É demais! — urrou Luís Negreiros, levantando-se e atirando a cadeira ao chão.

Clarinha estremeceu, e deixou-se ficar aonde estava. A situação tornava-se cada vez mais grave; Luís Negreiros passeava cada vez mais agitado, revolvendo os olhos nas órbitas, e parecendo prestes a atirar-se sobre a infeliz esposa. Esta, com os cotovelos no regaço e a cabeça nas mãos, tinha os olhos encravados na parede. Correu assim cerca de um quarto de hora. Luís Negreiros ia de novo interrogar a esposa, quando ouviu a voz do sogro, que subia as escadas gritando:

— Ó seu Luís! ó seu malandrim!

— Aí vem teu pai! — disse Luís Negreiros —; logo me pagarás.

Saiu da sala de costura e foi receber o sogro, que já estava ao meio da sala, fazendo viravoltas com o chapéu de sol, com grande risco das jarras e do candelabro.

— Vocês estavam dormindo? — perguntou o sr. Meireles tirando o chapéu e limpando a testa com um grande lenço encarnado.

— Não, senhor, estávamos conversando...

— Conversando?... — repetiu Meireles.

E acrescentou consigo:

"Estavam de arrufos... é o que há de ser".

— Vamos justamente jantar — disse Luís Negreiros. — Janta conosco?

— Não vim cá para outra cousa — acudiu Meireles —, janto hoje e amanhã também. Não me convidaste, mas é o mesmo.

— Não o convidei?...

— Sim, não fazes anos amanhã?

— Ah! é verdade...

Não havia razão aparente para que, depois destas palavras ditas com um tom lúgubre, Luís Negreiros repetisse, mas desta vez com um tom descomunalmente alegre:

— Ah! é verdade!...

Meireles, que já ia pôr o chapéu num cabide no corredor, voltou-se espantado para o genro, em cujo rosto leu a mais franca, súbita e inexplicável alegria.

— Está maluco! — disse baixinho Meireles.

— Vamos jantar — bradou o genro, indo logo para dentro, enquanto Meireles seguindo pelo corredor ia ter à sala de jantar.

Luís Negreiros foi ter com a mulher na sala de costura, e achou-a de pé, compondo os cabelos diante de um espelho:

— Obrigado — disse.

A moça olhou para ele admirada.

— Obrigado — repetiu Luís Negreiros —, obrigado e perdoa-me.

Dizendo isto, procurou Luís Negreiros abraçá-la; mas a moça, com um gesto nobre, repeliu o afago do marido e foi para a sala de jantar.

— Tem razão! — murmurou Luís Negreiros.

Daí a pouco achavam-se todos três à mesa do jantar, e foi servida a sopa, que Meireles achou, como era natural, de gelo. Ia já fazer um discurso a respeito da incúria dos criados, quando Luís Negreiros confessou que toda a culpa era dele, porque o jantar estava há muito na mesa. A declaração apenas mudou o assunto do discurso, que versou então sobre a terrível cousa que era um jantar requentado, — *qui ne valut jamais rien**.

Meireles era um homem alegre, pilhérico, talvez frívolo demais para a idade, mas em todo o caso interessante pessoa. Luís Negreiros gostava muito dele, e via correspondida essa afeição de parente e de amigo, tanto mais sincera quanto que Meireles só tarde e de má vontade lhe dera a filha. Durou o namoro cerca de quatro anos, gastando o pai de Clarinha mais de dous em meditar e resolver o assunto do casamento. Afinal deu a sua decisão, levado antes das lágrimas da filha que dos predicados do genro, dizia ele.

A causa da longa hesitação eram os costumes pouco austeros de Luís Negreiros, não os que ele tinha durante o namoro, mas os que tivera antes e os que poderia vir a ter depois. Meireles confessava ingenuamente que fora marido pouco exemplar, e achava que por isso mesmo devia dar à filha melhor

---

* "Que nunca valeu nada".

ADULTÉRIO

esposo do que ele. Luís Negreiros desmentiu as apreensões do sogro; o leão impetuoso dos outros dias, tornou-se um pacato cordeiro. A amizade nasceu franca entre o sogro e o genro, e Clarinha passou a ser uma das mais invejadas moças da cidade. E era tanto maior o mérito de Luís Negreiros quanto que não lhe faltavam tentações. O diabo metia-se às vezes na pele de um amigo e ia convidá-lo a uma recordação dos antigos tempos. Mas Luís Negreiros dizia que se recolhera a bom porto e não queria arriscar-se outra vez às tormentas do alto-mar.

Clarinha amava ternamente o marido, e era a mais dócil e afável criatura que por aqueles tempos respirava o ar fluminense. Nunca entre ambos se dera o menor arrufo; a limpidez do céu conjugal era sempre a mesma e parecia vir a ser duradoura. Que mau destino lhe soprou ali a primeira nuvem?

Durante o jantar Clarinha não disse palavra, — ou poucas dissera, ainda assim as mais breves e em tom seco.

"Estão de arrufo, não há dúvida", pensou Meireles ao ver a pertinaz mudez da filha. "Ou a arrufada é só ela, porque ele parece-me lépido."

Luís Negreiros efetivamente desfazia-se todo em agrados, mimos e cortesias com a mulher, que nem sequer olhava em cheio para ele. O marido já dava o sogro a todos os diabos, desejoso de ficar a sós com a esposa, para a explicação última, que reconciliaria os ânimos. Clarinha não parecia desejá-lo; comeu pouco e duas ou três vezes soltou-se-lhe do peito um suspiro.

Já se vê que o jantar, por maiores que fossem os esforços, não podia ser como nos outros dias. Meireles sobretudo achava-se acanhado. Não era que receasse algum grande acontecimento em casa; sua ideia é que sem arrufos não se aprecia a felicidade, como sem tempestade não se aprecia o bom tempo. Contudo, a tristeza da filha sempre lhe punha água na fervura.

Quando veio o café, Meireles propôs que fossem todos três ao teatro; Luís Negreiros aceitou a ideia com entusiasmo. Clarinha recusou secamente.

— Não te entendo hoje, Clarinha — disse o pai com um modo impaciente. — Teu marido está alegre e tu pareces-me abatida e preocupada. Que tens?

Clarinha não respondeu; Luís Negreiros, sem saber o que havia de dizer, tomou a resolução de fazer bolinhas de miolo de pão. Meireles levantou os ombros.

— Vocês lá se entendem — disse ele. — Se amanhã, apesar de ser o dia que é, vocês estiverem do mesmo modo, prometo-lhes que nem a sombra me verão.

— Oh! há de vir — ia dizendo Luís Negreiros, mas foi interrompido pela mulher que desatou a chorar.

O jantar acabou assim triste e aborrecido. Meireles pediu ao genro que lhe explicasse o que aquilo era, e este prometeu que lhe diria tudo em ocasião oportuna.

Pouco depois saía o pai de Clarinha protestando de novo que, se no dia seguinte os achasse do mesmo modo, nunca mais voltaria à casa deles, e que se havia cousa pior que um jantar frio ou requentado, era um jantar mal digerido. Este axioma valia o de Boileau*, mas ninguém lhe prestou atenção.

Clarinha fora para o quarto; o marido, apenas se despediu do sogro, foi ter com ela. Achou-a sentada na cama, com a cabeça sobre uma almofada, e soluçando. Luís Negreiros ajoelhou-se diante dela e pegou-lhe numa das mãos.

— Clarinha — disse ele —, perdoa-me tudo. Já tenho a explicação do relógio; se teu pai não me fala em vir jantar amanhã, eu não era capaz de adivinhar que o relógio era um presente de anos que tu me fazias.

Não me atrevo a descrever o soberbo gesto de indignação com que a moça se pôs de pé quando ouviu estas palavras do marido. Luís Negreiros olhou para ela sem compreender nada. A moça não disse uma nem duas; saiu do quarto e deixou o infeliz consorte mais admirado que nunca.

---

* Nicolas Boileau (1636-1711), poeta francês, autor de várias frases célebres, entre as quais: "Um tolo sempre encontra um tolo maior que o admira".

ADULTÉRIO

"Mas que enigma é este?", perguntava a si mesmo Luís Negreiros. "Se não era um mimo de anos, que explicação pode ter o tal relógio?"

A situação era a mesma que antes do jantar. Luís Negreiros assentou de descobrir tudo naquela noite. Achou, entretanto, que era conveniente refletir maduramente no caso e assentar numa resolução que fosse decisiva. Com este propósito recolheu-se ao seu gabinete, e ali recordou tudo o que se havia passado desde que chegara a casa. Pesou friamente todas as razões, todos os incidentes, e buscou reproduzir na memória a expressão do rosto da moça, em toda aquela tarde. O gesto de indignação e a repulsa quando ele a foi abraçar na sala de costura, eram a favor dela; mas o movimento com que mordera os lábios no momento em que ele lhe apresentou o relógio, as lágrimas que lhe rebentaram à mesa, e mais que tudo o silêncio que ela conservara a respeito da procedência do fatal objeto, tudo isso falava contra a moça.

Luís Negreiros, depois de muito cogitar, inclinou-se à mais triste e deplorável das hipóteses. Uma ideia má começou a enterrar-se-lhe no espírito, à maneira de verruma, e tão fundo penetrou, que se apoderou dele em poucos instantes. Luís Negreiros era homem assomado quando a ocasião o pedia. Proferiu duas ou três ameaças, saiu do gabinete e foi ter com a mulher.

Clarinha recolhera-se de novo ao quarto. A porta estava apenas cerrada. Eram nove horas da noite. Uma pequena lamparina alumiava escassamente o aposento. A moça estava outra vez assentada na cama, mas já não chorava; tinha os olhos fitos no chão. Nem os levantou quando sentiu entrar o marido.

Houve um momento de silêncio.

Luís Negreiros foi o primeiro que falou.

— Clarinha — disse ele —, este momento é solene. Responde-me ao que te pergunto desde esta tarde?

A moça não respondeu.

— Reflete bem, Clarinha — continuou o marido. — Podes arriscar a tua vida.

21

A moça levantou os ombros.
Uma nuvem passou pelos olhos de Luís Negreiros. O infeliz marido lançou as mãos ao colo da esposa e rugiu:
— Responde, demônio, ou morres!
Clarinha soltou um grito.
— Espera! — disse ela.
Luís Negreiros recuou.
— Mata-me, — disse ela —, mas lê isto primeiro. Quando esta carta foi ao teu escritório já te não achou lá: foi o que o portador me disse.
Luís Negreiros recebeu a carta, chegou-se à lamparina e leu estupefato estas linhas:
Meu nhonhô. Sei que amanhã fazes anos; mando-te esta lembrança.
Tua *Iaiá*.
Assim acabou a história do relógio de ouro.

CETICISMO

É comum destacar-se na obra de Machado de Assis um forte espírito de ceticismo, isto é, de falta de fé nas possibilidades de transformação do homem, de dúvida e de descrença generalizadas, que leva inevitavelmente a um forte pessimismo e a uma visão negativa da natureza humana.

"Ninguém se fie da felicidade presente; há nela uma gota de baba de Caim."
Memórias póstumas de Brás Cubas

"Deixa lá dizer Pascal que o homem é um caniço pensante. Não; é uma errata pensante, isso sim. Cada estação da vida é uma edição, que corrige a anterior, e que será corrigida também, até a edição definitiva, que o editor dá de graça aos vermes."
Memórias póstumas de Brás Cubas

"Nunca viste fever a água? Hás de lembrar-te que as bolhas fazem-se e desfazem-se de contínuo, e tudo fica na mesma. Os indivíduos são essas bolhas transitórias."
Quincas Borba

"Há de dobrar o gozo aos bem-aventurados do céu conhecer a soma dos tormentos que já terão padecido no inferno os seus inimigos; assim também a quantidade das delícias que terão gozado no céu os seus desafetos aumentará as dores aos condenados do inferno."
Dom Casmurro

"Somadas umas coisas e outras, qualquer pessoa imaginará que não houve míngua nem sobra, e conseguintemente que saí quite com a vida. E imaginará mal; porque ao chegar a este outro lado do mistério, achei-me com um pequeno saldo, que é a derradeira negativa deste capítulo de negativas: — Não tive filhos, não transmiti a nenhuma criatura o legado da nossa miséria."
Memórias póstumas de Brás Cubas

"Eu, porém, vos digo que não jureis nunca a verdade, porque a verdade nua e crua, além de indecente, é dura de roer; mas jurai sempre e a propósito de tudo, porque os homens

CETICISMO

foram feitos para crer antes nos que juram falso do que nos que não juram nada. Se disseres que o sol acabou, todos acenderão velas."

Conto "O sermão do Diabo"

Este é um trecho de uma das mais célebres passagens da obra machadiana: o delírio de Brás Cubas, durante o qual o personagem assiste, do alto de uma montanha, ao desfile dos séculos e à evolução da humanidade.

"[...] Tal era o espetáculo, acerbo e curioso espetáculo. A história do homem e da terra tinha assim uma intensidade que lhe não podiam dar nem a imaginação nem a ciência, porque a ciência é mais lenta e a imaginação mais vaga, enquanto que o que eu ali via era a condensação viva de todos os tempos. Para descrevê-la seria preciso fixar o relâmpago. Os séculos desfilavam num turbilhão, e, não obstante, porque os olhos do delírio são outros, eu via tudo o que passava diante de mim, — flagelos e delícias, — desde essa coisa que se chama glória até essa outra que se chama miséria, e via o amor multiplicando a miséria, e via a miséria agravando a debilidade. Aí vinham a cobiça que devora, a cólera que inflama, a inveja que baba, e a enxada e a pena, úmidas de suor, e a ambição, a fome, a vaidade, a melancolia, a riqueza, o amor, e todos agitavam o homem, como um chocalho, até destruí-lo, como um farrapo. Eram as formas várias de um mal, que ora mordia a víscera, ora mordia o pensamento, e passeava eternamente as suas vestes de arlequim, em derredor da espécie humana. A dor cedia alguma vez, mas cedia à indiferença, que era um sono sem sonhos, ou ao prazer, que era uma dor bastarda. Então o homem, flagelado e rebelde, corria diante da fatalidade das coisas, atrás

de uma figura nebulosa e esquiva, feita de retalhos, um retalho de impalpável, outro de improvável, outro de invisível, cosidos todos a ponto precário, com a agulha da imaginação; e essa figura, — nada menos que a quimera da felicidade, — ou lhe fugia perpetuamente, ou deixava-se apanhar pela fralda, e o homem a cingia ao peito, e então ela ria, como um escárnio, e sumia-se, como uma ilusão."

Memórias póstumas de Brás Cubas

CONTO

Último capítulo

    Há entre os suicidas um excelente costume, que é não deixar a vida sem dizer o motivo e as circunstâncias que os armam contra ela. Os que se vão calados, raramente é por orgulho; na maior parte dos casos ou não têm tempo, ou não sabem escrever. Costume excelente: em primeiro lugar, é um ato de cortesia, não sendo este mundo um baile, de onde um homem possa esgueirar-se antes do cotilhão; em segundo lugar, a imprensa recolhe e divulga os bilhetes póstumos, e o morto vive ainda um dia ou dois, às vezes uma semana mais.

    Pois apesar da excelência do costume, era meu propósito sair calado. A razão é que, tendo sido caipora* em minha vida toda, temia que qualquer palavra última pudesse levar-me alguma complicação à eternidade. Mas um incidente de há pouco trocou-me o plano, e retiro-me deixando, não só um escrito, mas dous. O primeiro é o meu testamento, que acabo de compor e fechar, e está aqui em cima da mesa, ao pé da pistola carregada. O segundo é este resumo de autobiografia. E note-se que não dou o segundo escrito senão porque é preciso esclarecer o primeiro, que pareceria absurdo ou ininteligível, sem algum comentário. Disponho ali que, vendidos os meus poucos livros, roupa de uso e um casebre que possuo em Catumbi, alugado a um carpinteiro, seja o produto empregado em sapatos e botas novas, que se distribuirão por um modo indicado, e confesso que extraordinário. Não explicada a razão de

---
* Caipora: azarado; infeliz; perseguido pelo destino.

um tal legado, arrisco a validade do testamento. Ora, a razão do legado brotou do incidente de há pouco, e o incidente liga-se à minha vida inteira.

Chamo-me Matias Deodato de Castro e Melo, filho do sargento-mor Salvador Deodato de Castro e Melo e de D. Maria da Soledade Pereira, ambos falecidos. Sou natural de Corumbá, Mato Grosso; nasci em 3 de março de 1820; tenho, portanto, cinquenta e um anos, hoje, 3 de março de 1871.

Repito, sou um grande caipora, o mais caipora de todos os homens. Há uma locução proverbial, que eu literalmente realizei. Era em Corumbá; tinha sete para oito anos, embalava-me na rede, à hora da sesta, em um quartinho de telha-vã; a rede, ou por estar frouxa a argola, ou por impulso demasiado violento da minha parte, desprendeu-se de uma das paredes, e deu comigo no chão. Caí de costas; mas, assim mesmo de costas, quebrei o nariz, porque um pedaço de telha, malseguro, que só esperava ocasião de vir abaixo, aproveitou a comoção e caiu também. O ferimento não foi grave nem longo; tanto que meu pai caçoou muito comigo. O cônego Brito, de tarde, ao ir tomar guaraná conosco, soube do episódio e citou o rifão, dizendo que era eu o primeiro que cumpria exatamente este absurdo de cair de costas e quebrar o nariz. Nem um nem outro imaginava que o caso era um simples início de cousas futuras.

Não me demoro em outros reveses da infância e da juventude. Quero morrer ao meio-dia, e passa de onze horas. Além disso, mandei fora o rapaz que me serve, e ele pode vir mais cedo, e interromper-me a execução do projeto mortal. Tivesse eu tempo, e contaria pelo miúdo alguns episódios doloridos, entre eles, o de umas cacetadas que apanhei por engano. Tratava-se do rival de um amigo meu, rival de amores e naturalmente rival derrubado. O meu amigo e a dama indignaram-se com as pancadas quando souberam da aleivosia do outro; mas aplaudiram secretamente a ilusão. Também não falo de alguns achaques que padeci. Corro ao ponto em que meu pai, tendo sido pobre toda a vida, morreu pobríssimo, e minha mãe não lhe sobreviveu dois meses. O cônego Brito, que acabava de sair eleito

CETICISMO

deputado, propôs então trazer-me ao Rio de Janeiro, e veio comigo, com a ideia de fazer-me padre; mas cinco dias depois de chegar morreu. Vão vendo a ação constante do caiporismo.

Fiquei só, sem amigos, nem recursos, com dezesseis anos de idade. Um cônego da Capela Imperial lembrou-se de fazer-me entrar ali de sacristão; mas, posto que* tivesse ajudado muita missa em Mato Grosso, e possuísse algumas letras latinas, não fui admitido, por falta de vaga. Outras pessoas induziram-me então a estudar direito, e confesso que aceitei com resolução. Tive até alguns auxílios, a princípio; faltando-me eles depois, lutei por mim mesmo; enfim alcancei a carta de bacharel. Não me digam que isto foi uma exceção na minha vida caipora, porque o diploma acadêmico levou-me justamente a cousas mui graves; mas, como o destino tinha de flagelar-me, qualquer que fosse a minha profissão, não atribuo nenhum influxo especial ao grau jurídico. Obtive-o com muito prazer, isso é verdade; a idade moça, e uma certa superstição de melhora, faziam-me do pergaminho uma chave de diamante que iria abrir todas as portas da fortuna.

E, para principiar, a carta de bacharel não me encheu sozinha as algibeiras. Não, senhor; tinha ao lado dela umas outras, dez ou quinze, fruto de um namoro travado no Rio de Janeiro, pela semana santa de 1842, com uma viúva mais velha do que eu sete ou oito anos, mas ardente, lépida e abastada. Morava com um irmão cego, na rua do Conde; não posso dar outras indicações. Nenhum dos meus amigos ignorava este namoro, dous deles até liam as cartas, que eu lhes mostrava, com o pretexto de admirar o estilo elegante da viúva, mas realmente para que vissem as finas cousas que ela me dizia. Na opinião de todos, o nosso casamento era certo, mais que certo; a viúva não esperava senão que eu concluísse os estudos. Um desses amigos, quando eu voltei graduado, deu-me os parabéns, acentuando a sua convicção com esta frase definitiva:

— O teu casamento é um dogma.

---
* Posto que: muito embora; apesar de.

E, rindo, perguntou-me se, por conta do dogma, poderia arranjar-lhe cinquenta mil-réis; era para uma urgente precisão. Não tinha comigo os cinquenta mil-réis; mas o *dogma* repercutia ainda tão docemente no meu coração, que não descansei em todo esse dia, até arranjar-lhos; fui levá-los eu mesmo, entusiasmado; ele recebeu-os cheio de gratidão. Seis meses depois foi ele quem casou com a viúva.

Não digo tudo o que então padeci; digo só que o meu primeiro impulso foi dar um tiro em ambos; e, mentalmente, cheguei a fazê-lo; cheguei a vê-los, moribundos, arquejantes, pedirem-me perdão. Vingança hipotética; na realidade, não fiz nada. Eles casaram-se, e foram ver do alto da Tijuca a ascensão da lua de mel. Eu fiquei relendo as cartas da viúva. "Deus, que me ouve (dizia uma delas), sabe que o meu amor é eterno, e que eu sou tua, eternamente tua..." E, no meu atordoamento, blasfemava comigo: — Deus é um grande invejoso; não quer outra eternidade ao pé dele, e por isso desmentiu a viúva; — nem outro dogma além do católico, e por isso desmentiu o meu amigo. Era assim que eu explicava a perda da namorada e dos cinquenta mil-réis.

Deixei a capital, e fui advogar na roça, mas por pouco tempo. O caiporismo foi comigo, na garupa do burro, e onde eu me apeei, apeou-se ele também. Vi-lhe o dedo em tudo, nas demandas que não vinham, nas que vinham e valiam pouco ou nada, e nas que, valendo alguma cousa, eram invariavelmente perdidas. Além de que os constituintes vencedores são em geral mais gratos que os outros, a sucessão de derrotas foi arredando de mim os demandistas. No fim de algum tempo, ano e meio, voltei à corte, e estabeleci-me com um antigo companheiro de ano: o Gonçalves.

Este Gonçalves era o espírito menos jurídico, menos apto para entestar com as questões de direito. Verdadeiramente era um pulha. Comparemos a vida mental a uma casa elegante: o Gonçalves não aturava dez minutos a conversa do salão, esgueirava-se, descia à copa e ia palestrar com os criados. Mas compensava essa qualidade inferior com certa lucidez, com a presteza de compreensão nos assuntos menos árduos ou menos comple-

CETICISMO

xos, com a facilidade de expor, e, o que não era pouco para um pobre-diabo batido da fortuna, com uma alegria quase sem intermitências. Nos primeiros tempos, como as demandas não vinham, matávamos as horas com excelente palestra, animada e viva, em que a melhor parte era dele, ou falássemos de política, ou de mulheres, assunto que lhe era muito particular.

Mas as demandas vieram vindo; entre elas uma questão de hipoteca. Tratava-se da casa de um empregado da alfândega, Temístocles de Sá Botelho, que não tinha outros bens, e queria salvar a propriedade. Tomei conta do negócio. O Temístocles ficou encantado comigo: e, duas semanas depois, como eu lhe dissesse que não era casado, declarou-me rindo que não queria nada com solteirões. Disse-me outras cousas e convidou-me a jantar no domingo próximo. Fui; namorei-me da filha dele, Dona Rufina, moça de dezenove anos, bem bonita, embora um pouco acanhada e meio morta. Talvez seja a educação, pensei eu. Casamo-nos poucos meses depois. Não convidei o caiporismo, é claro; mas na igreja, entre as barbas rapadas e as suíças lustrosas, pareceu-me ver o carão sardônico e o olhar oblíquo do meu cruel adversário. Foi por isso que, no ato mesmo de proferir a fórmula sagrada e definitiva do casamento, estremeci, hesitei, e, enfim, balbuciei a medo o que o padre me ditava...

Estava casado. Rufina não dispunha, é verdade, de certas qualidades brilhantes e elegantes; não seria, por exemplo, e desde logo, uma dona de salão. Tinha, porém, as qualidades caseiras, e eu não queria outras. A vida obscura bastava-me; e contanto que ela ma enchesse, tudo iria bem. Mas esse era justamente o agro da empresa. Rufina (permitam-me esta figuração cromática) não tinha a alma negra de *lady* Macbeth, nem a vermelha de Cleópatra, nem a azul de Julieta, nem a alva de Beatriz*, mas cinzenta e apagada como a multidão dos seres

---

* Lady Macbeth: personagem central da tragédia *Macbeth*, de Shakespeare. Cleópatra: (69-30 a.C.), rainha do Egito, que despertou o amor de grandes personagens do Império Romano. Julieta: personagem do drama *Romeu e Julieta*, de Shakespeare. Beatriz: personagem da *Divina Comédia*, de Dante Alighieri.

humanos. Era boa por apatia, fiel sem virtude, amiga sem ternura nem eleição. Um anjo a levaria ao céu, um diabo ao inferno, sem esforço em ambos os casos, e sem que, no primeiro lhe coubesse a ela nenhuma glória, nem o menor desdouro no segundo. Era a passividade do sonâmbulo. Não tinha vaidades. O pai armou-me o casamento para ter um genro doutor; ela, não; aceitou-me como aceitaria um sacristão, um magistrado, um general, um empregado público, um alferes, e não por impaciência de casar, mas por obediência à família, e, até certo ponto, para fazer como as outras. Usavam-se maridos; ela queria usar também o seu. Nada mais antipático à minha própria natureza; mas estava casado.

Felizmente — ah! um felizmente neste último capítulo de um caipora, é, na verdade, uma anomalia; mas vão lendo, e verão que o advérbio pertence ao estilo, não à vida; é um modo de transição e nada mais. O que vou dizer não altera o que está dito. Vou dizer que as qualidades domésticas de Rufina davam-lhe muito mérito. Era modesta; não amava bailes, nem passeios, nem janelas. Vivia consigo. Não mourejava em casa, nem era preciso; para dar-lhe tudo, trabalhava eu, e os vestidos, e chapéus, tudo vinha "das francesas", como então se dizia, em vez de modistas. Rufina, no intervalo das ordens que dava, sentava-se horas e horas, bocejando o espírito, matando o tempo, uma hidra de cem cabeças*, que não morria nunca; mas, repito, com todas essas lacunas, era boa dona de casa. Pela minha parte, estava no papel das rãs que queriam um rei; a diferença é que, mandando-me Júpiter um cepo**, não lhe pedi outro, porque viria a cobra e engolia-me. Viva o cepo!, disse comigo. Nem conto estas cousas, senão para mostrar a lógica e a constância do meu destino.

Outro *felizmente*; e este não é só uma transição de frase. No fim de ano e meio, abotoou no horizonte uma esperança, e, a calcular pela comoção que me deu a notícia, uma esperança

---
* Hidra de cem cabeças: referência à Hidra de Lerna, monstro de nove cabeças da mitologia grega, destruída pelo herói Hércules.
** Referência a uma fábula de La Fontaine (1621-1695), na qual as rãs pedem um rei ao deus Júpiter.

CETICISMO

suprema e única. Era o desejado que chegava. Que desejado? Um filho. A minha vida mudou logo. Tudo me sorria como um dia de noivado. Preparei-lhe um recebimento régio; comprei-lhe um rico berço, que me custou bastante; era de ébano e marfim, obra acabada; depois, pouco a pouco, fui comprando o enxoval; mandei-lhe coser as mais finas cambraias, as mais quentes flanelas, uma linda touca de renda, comprei-lhe um carrinho, e esperei, esperei, pronto a bailar diante dele, como Davi diante da arca*... Ai, caipora! a arca entrou vazia em Jerusalém; o pequeno nasceu morto.

Quem me consolou no malogro foi o Gonçalves, que devia ser padrinho do pequeno, e era amigo, comensal e confidente nosso. — Tem paciência, disse-me —; serei padrinho do que vier. E confortava-me, falava-me de outras cousas, com ternura de amigo. O tempo fez o resto. O próprio Gonçalves advertiu-me depois que, se o pequeno tinha de ser caipora, como eu dizia que era, melhor foi que nascesse morto.

— E pensas que não? — redargui.

Gonçalves sorriu; ele não acreditava no meu caiporismo. Verdade é que não tinha tempo de acreditar em nada; todo era pouco para ser alegre. Afinal, começara a converter-se à advocacia, já arrazoava autos, já minutava petições, já ia às audiências, tudo porque era preciso viver, dizia ele. E alegre sempre. Minha mulher achava-lhe muita graça, ria longamente dos ditos dele, e das anedotas, que às vezes eram picantes demais. Eu, a princípio, repreendia-o em particular, mas acostumei-me a elas. E depois, quem é que não perdoa as facilidades de um amigo, e de um amigo jovial? Devo dizer que ele mesmo se foi refreando, e dali a algum tempo, comecei a achar-lhe muita seriedade. — Estás namorado — disse-lhe um dia; e ele, empalidecendo, respondeu que sim, e acrescentou sorrindo, embora frouxamente, que era indispensável casar também. Eu, à mesa, falei do assunto.

— Rufina, você sabe que o Gonçalves vai casar?

---
* Episódio narrado na Bíblia: 2º livro de Samuel, capítulo 6.

— É caçoada dele — interrompeu vivamente o Gonçalves. Dei ao diabo a minha indiscrição, e não falei mais nisso; nem ele. Cinco meses depois... A transição é rápida; mas não há meio de a fazer longa. Cinco meses depois, adoeceu Rufina, gravemente, e não resistiu oito dias; morreu de uma febre perniciosa.

Cousa singular: — em vida, a nossa divergência moral trazia a frouxidão dos vínculos, que se sustinham principalmente da necessidade e do costume. A morte, com o seu grande poder espiritual, mudou tudo; Rufina apareceu-me como a esposa que desce do Líbano*, e a divergência foi substituída pela total fusão dos seres. Peguei da imagem, que enchia a minha alma, e enchi com ela a vida, onde outrora ocupara tão pouco espaço e por tão pouco tempo. Era um desafio à má estrela; era levantar o edifício da fortuna em pura rocha indestrutível. Compreendam-me bem; tudo o que até então dependia do mundo exterior, era naturalmente precário: as telhas caíam com o abalo das redes, as sobrepelizes recusavam-se aos sacristães, os juramentos das viúvas fugiam com os dogmas dos amigos, as demandas vinham trôpegas ou iam-se de mergulho; enfim, as crianças nasciam mortas. Mas a imagem de uma defunta era imortal. Com ela podia desafiar o olhar oblíquo do mau destino. A felicidade estava nas minhas mãos, presa, vibrando no ar as grandes asas de condor, ao passo que o caiporismo, semelhante a uma coruja, batia as suas na direção da noite e do silêncio...

Um dia, porém, convalescendo de uma febre, deu-me na cabeça inventariar uns objetos da finada e comecei por uma caixinha, que não fora aberta, desde que ela morrera, cinco meses antes. Achei uma multidão de cousas minúsculas, agulhas, linhas, entremeios, um dedal, uma tesoura, uma oração de São Cipriano, um rol de roupa, outras quinquilharias, e um maço de cartas, atado por uma fita azul. Deslacei a fita e abri as cartas: eram do Gonçalves... Meio-dia! Urge acabar; o moleque pode vir, e adeus. Ninguém imagina como o tempo corre nas circunstâncias em que estou; os minutos voam como se fossem

---

* Referência ao *Cântico dos cânticos*, livro da Bíblia.

impérios, e, o que é importante nesta ocasião, as folhas de papel vão com eles.

Não conto os bilhetes brancos, os negócios abortados, as relações interrompidas; menos ainda outros acintes ínfimos da fortuna. Cansado e aborrecido, entendi que não podia achar a felicidade em parte nenhuma; fui além: acreditei que ela não existia na terra, e preparei-me desde ontem para o grande mergulho na eternidade. Hoje, almocei, fumei um charuto, e debrucei-me à janela. No fim de dez minutos, vi passar um homem bem trajado, fitando a miúdo os pés. Conhecia-o de vista; era uma vítima de grandes reveses, mas ia risonho, e contemplava os pés, digo mal, os sapatos. Estes eram novos, de verniz, muito bem talhados, e provavelmente cosidos a primor. Ele levantava os olhos para as janelas, para as pessoas, mas tornava-os aos sapatos, como por uma lei de atração, interior e superior à vontade. Ia alegre; via-se-lhe no rosto a expressão da bem-aventurança. Evidentemente era feliz; e, talvez, não tivesse almoçado; talvez mesmo não levasse um vintém no bolso. Mas ia feliz, e contemplava as botas.

A felicidade será um par de botas? Esse homem, tão esbofeteado pela vida, achou finalmente um riso da fortuna. Nada vale nada. Nenhuma preocupação deste século, nenhum problema social ou moral, nem as alegrias da geração que começa, nem as tristezas da que termina, miséria ou guerra de classes, crises da arte e da política, nada vale, para ele, um par de botas. Ele fita-as, ele respira-as, ele reluz com elas, ele calca com elas o chão de um globo que lhe pertence. Daí o orgulho das atitudes, a rigidez dos passos, e um certo ar de tranquilidade olímpica... Sim, a felicidade é um par de botas.

Não é outra a explicação do meu testamento. Os superficiais dirão que estou doudo, que o delírio do suicida define a cláusula do testador; mas eu falo para os sapientes e para os malfadados. Nem colhe a objeção de que era melhor gastar comigo as botas, que lego aos outros; não, porque seria único. Distribuindo-as, faço um certo número de venturosos. Eia, caiporas! que a minha última vontade seja cumprida. Boa noite, e calçai-vos!

DINHEIRO

O dinheiro aparece, em muitas obras de Machado de Assis, como um poderoso mediador das relações humanas. E para falar desse tema, o nosso autor nunca dispensa a ironia e o sarcasmo.

"Marcela amou-me durante quinze meses e onze contos de réis; nada menos."
Memórias póstumas de Brás Cubas

"O dinheiro é uma espécie de molho que faz passar na goela as mais insípidas viandas deste mundo."
Conto "A felicidade"

"Não confundam purgatório com inferno, que é o eterno naufrágio. Purgatório é uma casa de penhores que empresta sobre todas as virtudes a juro alto e prazo curto. Mas os prazos renovam-se, até que um dia uma ou duas virtudes medianas pagam todos os pecados grandes e pequenos."
Dom Casmurro

"A missa foi ouvida sem pêsames nem lágrimas. O sacristão, agasalhando na algibeira a nota de dez mil-réis que recebeu, achou que ela provava a sublimidade do defunto; mas que defunto era este? O mesmo pensaria a caixa das almas, se pensasse, quando a luva da senhora deixou cair dentro uma pratinha de cinco tostões."
Esaú e Jacó

"Se eu disser que este homem vendeu uma sobrinha, não me hão de crer; se descer a definir o preço, dez contos de réis, voltar-me-ão as costas com desprezo e indignação. Entretanto, basta ver este olhar felino, estes dois beiços, mestres de cálculo, que, ainda fechados, parecem estar contando alguma cousa, para adivinhar logo que a feição capital do nosso homem é a voracidade do lucro. Entendamo-nos: ele faz arte pela arte, não ama o dinheiro pelo que ele pode dar, mas pelo que é em si mesmo! Ninguém lhe vá falar dos regalos da vida. Não tem cama fofa, nem mesa fina, nem carruagem, nem comenda. Não se ganha dinheiro para esbanjá-lo, dizia ele. Vive de migalhas;

DINHEIRO

tudo o que amontoa é para a contemplação. Vai muitas vezes à burra, que está na alcova de dormir, com o único fim de fartar os olhos nos rolos de ouro e maços de títulos. Outras vezes, por um requinte de erotismo pecuniário, contempla-os só de memória. Neste particular, tudo o que eu pudesse dizer ficaria abaixo de uma palavra dele mesmo, em 1857.

Já então milionário, ou quase, encontrou na rua dois meninos, seus conhecidos, que lhe perguntaram se uma nota de cinco mil-réis, que lhes dera um tio, era verdadeira. Corriam algumas notas falsas, e os pequenos lembraram-se disso em caminho. Falcão ia com um amigo. Pegou trêmulo na nota, examinou-a bem, virou-a, revirou-a...

— É falsa? — Perguntou com impaciência um dos meninos.

— Não; é verdadeira.

— Dê cá — disseram ambos.

Falcão dobrou a nota vagarosamente, sem tirar-lhe os olhos de cima; depois, restituiu-a aos pequenos, e, voltando-se para o amigo, que esperava por ele, disse-lhe com a maior candura do mundo:

— Dinheiro, mesmo quando não é da gente, faz gosto ver."

Conto: "Anedota pecuniária"

"**O** almocreve" é um capítulo das *Memórias póstumas de Brás Cubas* que se tornou o exemplo clássico da importância que o tema do dinheiro tem na obra de Machado de Assis. O personagem principal do romance, Brás Cubas, está viajando em Portugal montado num jumento, deixando a cidade de Coimbra, depois de ter obtido seu diploma.

"O almocreve

Vai então, empacou o jumento em que eu vinha montado; fustiguei-o, ele deu dois corcovos, depois mais três, enfim mais um, que me sacudiu fora da sela, com tal desastre, que o pé esquerdo me ficou preso no estribo; tento agarrar-me ao ventre do animal, mas já então, espantado, disparou pela estrada fora. Digo mal: tentou disparar, e efetivamente deu dois saltos, mas um almocreve, que ali estava, acudiu a tempo de lhe pegar na rédea e detê-lo, não sem esforço nem perigo. Dominado o bruto, desvencilhei-me do estribo e pus-me de pé.

— Olhe do que vosmecê escapou — disse o almocreve.

E era verdade; se o jumento corre por ali fora, contundia-me deveras, e não sei se a morte não estaria no fim do desastre; cabeça partida, uma congestão, qualquer transtorno cá dentro, lá se me ia a ciência em flor. O almocreve salvara-me talvez a vida; era positivo; eu sentia-o no sangue que me agitava o coração. Bom almocreve! enquanto eu tornava à consciência de mim mesmo, ele cuidava de consertar os arreios do jumento, com muito zelo e arte. Resolvi dar-lhe três moedas de ouro das cinco que trazia comigo; não porque tal fosse o preço da minha vida, — essa era inestimável; mas porque era uma recompensa digna da dedicação com que ele me salvou. Está dito, dou-lhe as três moedas.

— Pronto, disse ele, apresentando-me a rédea da cavalgadura.

DINHEIRO

— Daqui a nada, respondi; deixa-me, que ainda não estou em mim...
— Ora qual!
— Pois não é certo que ia morrendo?
— Se o jumento corre por aí fora, é possível; mas, com a ajuda do Senhor, viu vosmecê que não aconteceu nada.

Fui aos alforjes, tirei um colete velho, em cujo bolso trazia as cinco moedas de ouro, e durante esse tempo cogitei se não era excessiva a gratificação, se não bastavam duas moedas. Talvez uma. Com efeito, uma moeda era bastante para lhe dar estremeções de alegria. Examinei-lhe a roupa; era um pobre-diabo, que nunca jamais vira uma moeda de ouro. Portanto, uma moeda. Tirei-a, vi-a reluzir à luz do sol; não a viu o almocreve, porque eu tinha-lhe voltado as costas; mas suspeitou-o talvez, entrou a falar ao jumento de um modo significativo; dava-lhe conselhos, dizia-lhe que tomasse juízo que o "senhor doutor" podia castigá-lo; um monólogo paternal. Valha-me Deus! até ouvi estalar um beijo; era o almocreve que lhe beijava a testa.
— Olé! exclamei.
— Queira vosmecê perdoar, mas o diabo do bicho está a olhar para a gente com tanta graça...

Ri-me, hesitei, meti-lha na mão um cruzado em prata, cavalguei o jumento, e segui a trote largo, um pouco vexado, melhor direi um pouco incerto do feito da pratinha. Mas a algumas braças de distância, olhei para trás, o almocreve fazia-me grandes cortesias, com evidentes mostras de contentamento. Adverti que devia ser assim mesmo; eu pagara-lhe bem, pagara-lhe talvez demais. Meti os dedos no bolso do colete que trazia no corpo e senti umas moedas de cobre; eram os vinténs que eu devera ter dado ao almocreve, em lugar do cruzado em prata. Porque, enfim, ele não levou em mira nenhuma recompensa ou virtude, cedeu a um impulso natural, ao temperamento, aos hábitos do ofício; acresce que a circunstância de estar, não mais adiante nem mais atrás, mas justamente no ponto do desastre, parecia constituí-lo simples instrumento da Providência; e de um ou de outro modo, o mérito do ato era positivamente nenhum. Fiquei desconsolado com esta reflexão, chamei-me pródigo, lancei o cruzado à conta das minhas dissipações antigas; tive (por que não direi tudo?) tive remorsos."

Memórias póstumas de Brás Cubas

CONTO

O empréstimo

Vou divulgar uma anedota, mas uma anedota no genuíno sentido do vocábulo, que o vulgo ampliou às historietas de pura invenção. Esta é verdadeira; podia citar algumas pessoas que a sabem tão bem como eu. Nem ela andou recôndita, senão por falta de um espírito repousado, que lhe achasse a filosofia. Como deveis saber, há em todas as cousas um sentido filosófico. Carlyle* descobriu o dos coletes, ou, mais propriamente, o do vestuário; e ninguém ignora que os números, muito antes da loteria do Ipiranga, formavam o sistema de Pitágoras. Pela minha parte creio ter decifrado este caso de empréstimo; ides ver se me engano.

E, para começar, emendemos Sêneca**. Cada dia, ao parecer daquele moralista, é, em si mesmo, uma vida singular; por outros termos, uma vida dentro da vida. Não digo que não; mas por que não acrescentou ele, que muitas vezes uma só hora é a representação de uma vida inteira? Vede este rapaz: entra no mundo com uma grande ambição, uma pasta de ministro, um banco, uma coroa de visconde, um báculo pastoral. Aos cinquenta anos, vamos achá-lo simples apontador de alfândega, ou sacristão da roça. Tudo isso que se passou em trinta anos, pode algum Balzac*** metê-lo em trezentas páginas; por que não há de a vida, que foi a mestra de Balzac, apertá-lo em trinta ou sessenta minutos?

---

* Thomas Carlyle (1795-1881), historiador escocês.
** Sêneca (4-65 d.C.), filósofo romano.
*** Honoré de Balzac (1799-1850), romancista francês.

Tinham batido quatro horas no cartório do tabelião Vaz Nunes, à rua do Rosário. Os escreventes deram ainda as últimas penadas: depois limparam as penas de ganso na ponta de seda preta que pendia da gaveta ao lado; fecharam as gavetas, concertaram os papéis, arrumaram os autos e os livros, lavaram as mãos; alguns que mudavam de paletó à entrada, despiram o do trabalho e enfiaram o da rua; todos saíram. Vaz Nunes ficou só.

Este honesto tabelião era um dos homens mais perspicazes do século. Está morto: podemos elogiá-lo à vontade. Tinha um olhar de lanceta, cortante e agudo. Ele adivinhava o caráter das pessoas que o buscavam para escriturar os seus acordos e resoluções; conhecia a alma de um testador muito antes de acabar o testamento; farejava as manhas secretas e os pensamentos reservados. Usava óculos, como todos os tabeliães de teatro; mas, não sendo míope, olhava por cima deles, quando queria ver, e através deles, se pretendia não ser visto. Finório como ele só, diziam os escreventes. Em todo o caso, circunspecto. Tinha cinquenta anos, era viúvo, sem filhos, e, para falar como alguns outros serventuários, roía muito caladinho os seus duzentos contos de réis.

— Quem é? — perguntou ele de repente, olhando para a porta da rua.

Estava à porta, parado na soleira, um homem que ele não conheceu logo, e mal pôde reconhecer daí a pouco. Vaz Nunes pediu-lhe o favor de entrar; ele obedeceu, cumprimentou-o, estendeu-lhe a mão, e sentou-se na cadeira ao pé da mesa. Não trazia o acanho natural a um pedinte; ao contrário, parecia que não vinha ali senão para dar ao tabelião alguma coisa preciosíssima e rara. E, não obstante, Vaz Nunes estremeceu e esperou.

— Não se lembra de mim?
— Não me lembro...
— Estivemos juntos uma noite, há alguns meses, na Tijuca... Não se lembra? Em casa do Teodorico, aquela grande ceia de Natal; por sinal que lhe fiz uma saúde... Veja se se lembra do Custódio.

DINHEIRO

— Ah!
Custódio endireitou o busto, que até então inclinara um pouco. Era um homem de quarenta anos. Vestia pobremente, mas escovado, apertado, correto. Usava unhas longas, curadas com esmero, e tinha as mãos muito bem talhadas, macias, ao contrário da pele do rosto, que era agreste. Notícias mínimas, e aliás necessárias ao complemento de um certo ar duplo que distinguia este homem, um ar de pedinte e general. Na rua, andando, sem almoço, sem vintém, parecia levar após si um exército. A causa não era outra mais do que o contraste entre a natureza e a situação, entre a alma e a vida. Esse Custódio nascera com a vocação da riqueza, sem a vocação do trabalho. Tinha o instinto das elegâncias, o amor do supérfluo, da boa chira, das belas damas, dos tapetes finos, dos móveis raros, um voluptuoso, e, até certo ponto, um artista, capaz de reger a vila Torloni ou a galeria Hamilton. Mas não tinha dinheiro; nem dinheiro, nem aptidão ou pachorra de o ganhar; por outro lado, precisava viver. *Il faut bien que je vive*, dizia um pretendente ao ministro Talleyrand. *Je n'en vois pas la nécessité**, redarguiu friamente o ministro. Ninguém dava essa resposta ao Custódio; davam-lhe dinheiro, um dez, outro cinco, outro vinte mil-réis, e de tais espórtulas é que ele principalmente tirava o albergue e a comida.
Digo que principalmente vivia delas, porque o Custódio não recusava meter-se em alguns negócios, com a condição de os escolher, e escolhia sempre os que não prestavam para nada. Tinha o faro das catástrofes. Entre vinte empresas, adivinhava logo a insensata, e metia ombros a ela, com resolução. O caiporismo, que o perseguia, fazia com que as dezenove prosperassem, e a vigésima lhe estourasse nas mãos. Não importa; aparelhava-se para outra.
Agora, por exemplo, leu um anúncio de alguém que pedia um sócio, com cinco contos de réis, para entrar em certo negó-

---
* *Il faut bien que je vive*: "eu preciso viver". *Je n'en vois pas la nécessité*: "não vejo necessidade disso". Charles Maurice Talleyrand (1754-1838), estadista francês.

cio, que prometia dar, nos primeiros seis meses, oitenta a cem contos de lucro. Custódio foi ter com o anunciante. Era uma grande ideia, uma fábrica de agulhas, indústria nova, de imenso futuro. E os planos, os desenhos da fábrica, os relatórios de Birmingham, os mapas de importação, as respostas dos alfaiates, dos donos de armarinho etc., todos os documentos de um longo inquérito passavam diante dos olhos de Custódio, estrelados de algarismos, que ele não entendia, e que por isso mesmo lhe pareciam dogmáticos. Vinte e quatro horas; não pedia mais de vinte e quatro horas para trazer os cinco contos. E saiu dali, cortejado, amimado pelo anunciante, que, ainda à porta, o afogou numa torrente de saldos. Mas os cinco contos, menos dóceis ou menos vagabundos que os cinco mil-réis, sacudiam incredulamente a cabeça, e deixavam-se estar nas arcas, tolhidos de medo e de sono. Nada. Oito ou dez amigos, a quem falou, disseram-lhe que nem dispunham agora da soma pedida, nem acreditavam na fábrica. Tinha perdido as esperanças, quando aconteceu subir a rua do Rosário e ler no portal de um cartório o nome de Vaz Nunes. Estremeceu de alegria; recordou a Tijuca, as maneiras do tabelião, as frases com que ele lhe respondeu ao brinde, e disse consigo, que este era o salvador da situação.

— Venho pedir-lhe uma escritura...

Vaz Nunes, armado para outro começo, não respondeu; espiou por cima dos óculos e esperou.

— Uma escritura de gratidão — explicou o Custódio —; venho pedir-lhe um grande favor, um favor indispensável, e conto que o meu amigo...

— Se estiver nas minhas mãos...

— O negócio é excelente, note-se bem; um negócio magnífico. Nem eu me metia a incomodar os outros sem certeza do resultado. A cousa está pronta; foram já encomendas para a Inglaterra; e é provável que dentro de dous meses esteja tudo montado, é uma indústria nova. Somos três sócios; a minha parte são cinco contos. Venho pedir-lhe esta quantia, a seis meses, — ou a três, com juro módico...

DINHEIRO

— Cinco contos?
— Sim, senhor.
— Mas, sr. Custódio, não posso, não disponho de tão grande quantia. Os negócios andam mal; e ainda que andassem muito bem, não poderia dispor de tanto. Quem é que pode esperar cinco contos de um modesto tabelião de notas?
— Ora, se o senhor quisesse...
— Quero, decerto; digo-lhe que se se tratasse de uma quantia pequena, acomodada aos meus recursos, não teria dúvida em adiantá-la. Mas cinco contos! Creia que é impossível.
A alma de Custódio caiu de bruços. Subira pela escada de Jacó* até o céu; mas em vez de descer como os anjos no sonho bíblico, rolou abaixo e caiu de bruços. Era a última esperança; e justamente por ter sido inesperada, é que ele supôs que fosse certa, pois, como todos os corações que se entregam ao regime do eventual, o do Custódio era supersticioso. O pobre-diabo sentiu enterrarem-se-lhe no corpo os milhões de agulhas que a fábrica teria de produzir no primeiro semestre. Calado, com os olhos no chão, esperou que o tabelião continuasse, que se compadecesse, que lhe desse alguma aberta; mas o tabelião, que lia isso mesmo na alma do Custódio, estava também calado, girando entre os dedos a boceta de rapé, respirando grosso, com um certo chiado nasal e implicante. Custódio ensaiou todas as atitudes; ora pedinte, ora general. O tabelião não se mexia. Custódio ergueu-se.
— Bem — disse ele, com uma pontazinha de despeito —, há de perdoar o incômodo...
— Não há que perdoar; eu é que lhe peço desculpa de não poder servi-lo, como desejava. Repito: se fosse alguma quantia menos avultada, muito menos, não teria dúvida; mas...
Estendeu a mão ao Custódio, que com a esquerda pegara maquinalmente no chapéu. O olhar empanado do Custódio exprimia a absorção da alma dele, apenas convalescida da queda,

---

* "Escada de Jacó": escada vista num sonho do patriarca Jacó, pela qual os anjos subiam ao céu e desciam à terra (Bíblia: Gênesis, cap. 28).

que lhe tirara as últimas energias. Nenhuma escada misteriosa, nenhum céu; tudo voara a um piparote do tabelião. Adeus, agulhas! A realidade veio tomá-lo outra vez com as suas unhas de bronze. Tinha de voltar ao precário, ao adventício, às velhas contas, com os grandes zeros arregalados e os cifrões retorcidos à laia de orelhas, que continuariam a fitá-lo e a ouvi-lo, a ouvi-lo e a fitá-lo, alongando para ele os algarismos implacáveis de fome. Que queda! e que abismo! Desenganado, olhou para o tabelião com um gesto de despedida; mas, uma ideia súbita clareou-lhe a noite do cérebro. Se a quantia fosse menor, Vaz Nunes poderia servi-lo, e com prazer; por que não seria uma quantia menor? Já agora abria mão da empresa; mas não podia fazer o mesmo a uns aluguéis atrasados, a dous ou três credores etc., e uma soma razoável, quinhentos mil-réis, por exemplo, uma vez que o tabelião tinha a boa vontade de emprestar-lhos, vinham a ponto. A alma do Custódio empertigou-se; vivia do presente, nada queria saber do passado, nem saudades, nem temores, nem remorsos. O presente era tudo. O presente eram os quinhentos mil-réis, que ele ia ver surdir da algibeira do tabelião, como um alvará de liberdade.

— Pois bem — disse ele —, veja o que me pode dar, e eu irei ter com outros amigos... Quanto?

— Não posso dizer nada a este respeito, porque realmente só uma cousa muito modesta.

— Quinhentos mil-réis?

— Não; não posso.

— Nem quinhentos mil-réis?

— Nem isso — replicou firme o tabelião. — De que se admira? Não lhe nego que tenho algumas propriedades; mas, meu amigo, não ando com elas no bolso; e tenho certas obrigações particulares... Diga-me, não está empregado?

— Não, senhor.

— Olhe; dou-lhe cousa melhor do que quinhentos mil-réis; falarei ao Ministro da Justiça, tenho relações com ele, e...

Custódio interrompeu-o, batendo uma palmada no joelho. Se foi um movimento natural, ou uma diversão astuciosa para

DINHEIRO

não conversar do emprego, é o que totalmente ignoro; nem parece que seja essencial ao caso. O essencial é que ele teimou na súplica. Não podia dar quinhentos mil-réis? Aceitava duzentos; bastavam-lhe duzentos, não para a empresa, pois adotava o conselho dos amigos: ia recusá-la. Os duzentos mil-réis, visto que o tabelião estava disposto a ajudá-lo, eram para uma necessidade urgente, — "tapar um buraco". E então relatou tudo, respondeu à franqueza com franqueza: era a regra da sua vida. Confessou que, ao tratar da grande empresa, tivera em mente acudir também a um credor pertinaz, um diabo, um judeu, que rigorosamente ainda lhe devia, mas tivera a aleivosia de trocar de posição. Eram duzentos e poucos mil-réis; e dez, parece, mas aceitava duzentos...

— Realmente, custa-me repetir-lhe o que disse; mas, enfim, nem os duzentos mil-réis posso dar. Cem mesmo, se o senhor os pedisse, estão acima das minhas forças nesta ocasião. Noutra pode ser, e não tenho dúvida, mas agora...

— Não imagina os apuros em que estou!

— Nem cem, repito. Tenho tido muitas dificuldades nestes últimos tempos. Sociedades, subscrições, maçonaria... Custa-lhe crer, não é? Naturalmente: um proprietário. Mas, meu amigo, é muito bom ter casas: o senhor é que não conta os estragos, os consertos, as penas-d'água, as décimas, o seguro, os calotes etc. São os buracos do pote, por onde vai a maior parte da água...

— Tivesse eu um pote! — suspirou Custódio.

— Não digo que não. O que digo é que não basta ter casas para não ter cuidados, despesas, e até credores... Creia o senhor que também eu tenho credores.

— Nem cem mil-réis!

— Nem cem mil-réis, pesa-me dizê-lo, mas é a verdade. Nem cem mil-réis. Que horas são?

Levantou-se, e veio ao meio da sala. Custódio veio também, arrastado, desesperado. Não podia acabar de crer que o tabelião não tivesse ao menos cem mil-réis. Quem é que não tem cem mil-réis consigo? Cogitou uma cena patética, mas o cartório abria para a rua; seria ridículo. Olhou para fora. Na loja fronteira, um sujeito apreçava uma sobrecasaca, à porta, porque entardecia depressa, e o interior era escuro. O caixeiro segurava a obra no ar; o freguês examinava o pano com a vista e com os dedos, depois as costuras, o forro... Este incidente rasgou-lhe um horizonte novo, embora modesto; era tempo de aposentar o paletó que trazia. Mas nem cinquenta mil-réis podia dar-lhe o tabelião. Custódio sorriu; — não de desdém, não de raiva, mas de amargura e dúvida; era impossível que ele não tivesse cinquenta mil-réis. Vinte, ao menos? Nem vinte. Nem vinte! Não; falso tudo; tudo mentira.

Custódio tirou o lenço, alisou o chapéu devagarinho; depois guardou o lenço, concertou a gravata, com um ar misto de esperança e despeito. Viera cerceando as asas à ambição, pluma a pluma; restava ainda uma penugem curta e fina, que lhe metia umas veleidades de voar. Mas o outro, nada. Vaz Nunes cotejava o relógio de parede com o do bolso, chegava este ao ouvido, limpava o mostrador, calado, transpirando por todos os poros impaciência e fastio. Estavam a pingar as cinco; deram, enfim, e o tabelião, que as esperava, desengatilhou a despedida. Era tarde; morava longe. Dizendo isto, despiu o paletó de alpaca, e vestiu o de casimira, mudou de um para outro a boceta de rapé, o lenço, a carteira... Oh! a carteira! Custódio viu esse utensílio problemático, apalpou-o com os olhos, invejou a alpaca, invejou a casimira, quis ser algibeira, quis ser o couro, a matéria mesma do precioso receptáculo. Lá vai ela; mergulhou de todo no bolso do peito esquerdo; o tabelião abotoou-se. Nem vinte mil-réis! Era impossível que não levasse ali vinte mil-réis, pensava ele; não diria duzentos, mas vinte, dez que fossem...

— Pronto! — disse-lhe Vaz Nunes, com o chapéu na cabeça.

Era o fatal instante. Nenhuma palavra do tabelião, um convite ao menos, para jantar; nada; findara tudo. Mas os momentos supremos pedem energias supremas. Custódio sentiu toda força deste lugar-comum, e, súbito, como um tiro, perguntou ao tabelião se não lhe podia dar ao menos dez mil-réis.

DINHEIRO

— Quer ver?

E o tabelião desabotoou o paletó, tirou a carteira, abriu-a, e mostrou-lhe duas notas de cinco mil-réis.

— Não tenho mais — disse ele —, o que posso fazer é reparti-los com o senhor; dou-lhe uma de cinco, e fico com a outra; serve-lhe?

Custódio aceitou os cinco mil-réis, não triste, ou de má cara, mas risonho, palpitante, como se viesse de conquistar a Ásia Menor. Era o jantar certo. Estendeu a mão ao outro, agradeceu-lhe o obséquio, despediu-se até breve, — um *até breve* cheio de afirmações implícitas. Depois saiu; o pedinte esvaiu-se à porta do cartório; o general é que foi por ali abaixo, pisando rijo, encarando fraternalmente os ingleses do comércio que subiam a rua para se transportarem aos arrabaldes. Nunca o céu lhe pareceu tão azul, nem a tarde tão límpida; todos os homens traziam na retina a alma da hospitalidade. Com a mão esquerda no bolso das calças, ele apertava amorosamente os cinco mil-réis, resíduo de uma grande ambição, que ainda há pouco saíra contra o sol, num ímpeto de águia, e ora batia modestamente as asas de frango rasteiro.

LOUCURA

Machado de Assis descreve a loucura como a consequência de uma inadequação da natureza íntima do indivíduo às exigências da vida em sociedade, esta "segunda natureza".

"Como fosse grande arabista, achou no Corão que Maomé declara veneráveis os doudos, pela consideração de que Alá lhes tira o juízo para que não pequem."
Conto "O alienista"

"Simão Bacamarte refletiu ainda um instante, e disse:
— Supondo o espírito humano uma vasta concha, o meu fim, sr. Soares, é ver se posso extrair a pérola, que é a razão; por outros termos, demarquemos definitivamente os limites da razão e da loucura. A razão é o perfeito equilíbrio de todas as faculdades; fora daí insânia, insânia, e só insânia."
Conto "O alienista"

No longo conto "O alienista" (melhor seria classificá-lo de novela), Machado de Assis explora fartamente o tema da loucura, contando-nos uma história mirabolante, quase absurda. E para contá-la, nada melhor do que uma linguagem cheia de humor e ironia. Vamos ler a seguir o trecho em que o dr. Simão Bacamarte, "filho da nobreza da terra e o maior dos médicos do Brasil, de Portugal e das Espanhas", decide criar um asilo de loucos na cidade de Itaguaí para investigar mais a fundo as causas da loucura.

"Mas a ciência tem o inefável dom de curar todas as mágoas; o nosso médico mergulhou inteiramente no estudo e na prática da medicina. Foi então que um dos recantos desta lhe chamou especialmente a atenção, — o recanto psíquico, o exame da patologia cerebral. Não havia na colônia, e ainda no reino, uma só autoridade em semelhante matéria, mal explorada, ou quase inexplorada. Simão Bacamarte compreendeu que a ciência lusitana, e particularmente a brasileira, podia cobrir-se de "louros imarcescíveis", — expressão usada por ele mesmo, mas em um arroubo de intimidade doméstica; exteriormente era modesto, segundo convém aos sabedores.

LOUCURA

— A saúde da alma, bradou ele, é a ocupação mais digna do médico.

— Do verdadeiro médico — emendou Crispim Soares, boticário da vila, e um dos seus amigos e comensais.

A vereança de Itaguaí, entre outros pecados de que é arguida pelos cronistas, tinha o de não fazer caso dos dementes. Assim é que cada louco furioso era trancado em uma alcova, na própria casa, e, não curado, mas descurado, até que a morte o vinha defraudar do benefício da vida; os mansos andavam à solta pela rua. Simão Bacamarte entendeu desde logo reformar tão ruim costume; pediu licença à Câmara para agasalhar e tratar no edifício que ia construir todos os loucos de Itaguaí e das demais vilas e cidades, mediante um estipêndio, que a Câmara lhe daria quando a família do enfermo o não pudesse fazer. A proposta excitou a curiosidade de toda a vila, e encontrou grande resistência, tão certo é que dificilmente se desarraigam hábitos absurdos, ou ainda maus. A ideia de meter os loucos na mesma casa, vivendo em comum, pareceu em si mesma um sintoma de demência, e não faltou quem o insinuasse à própria mulher do médico.

— Olhe, d. Evarista, disse-lhe o padre Lopes, vigário do lugar, veja se seu marido dá um passeio ao Rio de Janeiro. Isso de estudar sempre, sempre, não é bom, vira o juízo."

Bem diferente é o tom com que é descrita a loucura do personagem Rubião, do romance *Quincas Borba*. Tendo herdado de seu falecido amigo Quincas Borba uma grande fortuna, Rubião, modesto professor do interior, vai viver como os grandes figurões da Corte (o Rio de Janeiro), sem no entanto conhecer as manhas e malícias dessas pessoas que passarão a conviver com ele e a aproveitar-se de sua ingenuidade para explorar sua fortuna. Seu final é trágico: morre louco, como louco morrera também o mesmo Quincas Borba que lhe deixara a herança.

"CXCIX

Foi a comadre do Rubião que o agasalhou e mais ao cachorro, vendo-os passar defronte da porta. Rubião conheceu-a, aceitou o abrigo e o almoço.

— Mas que é isso, seu compadre? Como foi que chegou assim? Sua roupa está toda molhada. Vou dar-lhe umas calças de meu sobrinho.

Rubião tinha febre. Comeu pouco e sem vontade. A comadre pediu-lhe contas da vida que passara na Corte, ao que ele respondeu que levaria muito tempo, e só a posteridade a acabaria. Os sobrinhos de seu sobrinho, concluiu ele magnificamente, é que hão de ver-me em toda a minha glória. Começou, porém, um resumo. No fim de dez minutos, a comadre não entendia nada, tão desconcertados eram os fatos e os conceitos; mais cinco minutos, entrou a sentir medo. Quando os minutos chegaram a vinte, pediu licença e foi a uma vizinha dizer que o Rubião parecia ter virado o juízo. Voltou com ela e um irmão, que se demorou pouco tempo e saiu a espalhar a nova. Vieram vindo outras pessoas, às duas e às quatro, e, antes de uma hora, muita gente espiava da rua.

— Ao vencedor, as batatas! — bradava Rubião aos curiosos.
— Aqui estou imperador! Ao vencedor, as batatas!

Esta palavra obscura e incompleta era repetida na rua, examinada, sem que lhe dessem com o sentido. Alguns antigos desafetos do Rubião iam entrando, sem cerimônia, para gozá-lo melhor; e diziam à comadre que não lhe convinha ficar com um doido em casa, era perigoso; devia mandá-lo para a cadeia, até que a autoridade o remetesse para outra parte. Pessoa mais compassiva lembrou a conveniência de chamar o doutor.

— Doutor para quê? — acudiu um dos primeiros. — Este homem está maluco.
— Talvez seja delírio de febre; já viu como está quente?

Angélica, animada por tantas pessoas, tomou-lhe o pulso, e achou-o febril. Mandou vir o médico, — o mesmo

LOUCURA

que tratara o finado Quincas Borba. Rubião conheceu-o também, e respondeu-lhe que não era nada. Capturara o rei da Prússia, não sabendo ainda se o mandaria fuzilar ou não; era certo, porém, que exigiria uma indenização pecuniária enorme — cinco bilhões de francos.
— Ao vencedor, as batatas! — concluiu rindo."

"CC

Poucos dias depois morreu... Não morreu súbdito nem vencido.

Antes de principar a agonia, que foi curta, pôs a coroa na cabeça, — uma coroa que não era, ao menos, um chapéu velho ou uma bacia, onde os espectadores palpassem a ilusão. Não, senhor; ele pegou em nada, levantou nada e cingiu nada; só ele via a insígnia imperial, pesada de ouro, rútila de brilhantes e outras pedras preciosas. O esforço que fizera para erguer meio corpo não durou muito; o corpo caiu outra vez; o rosto conservou porventura uma expressão gloriosa.

— Guardem a minha coroa —, murmurou. — Ao vencedor...

A cara ficou séria, porque a morte é séria; dois minutos de agonia, um trejeito horrível, e estava assinada a abdicação."

CONTO

A segunda vida

Monsenhor Caldas interrompeu a narração do desconhecido:
— Dá licença? é só um instante.

Levantou-se, foi ao interior da casa, chamou o preto velho que o servia, e disse-lhe em voz baixa:

— João, vai ali à estação de urbanos, fala da minha parte ao comandante, e pede-lhe que venha cá com um ou dous homens, para livrar-me de um sujeito doudo. Anda, vai depressa.

Voltando à sala:

— Pronto — disse ele —, podemos continuar.

— Como ia dizendo a Vossa Reverendíssima, morri no dia 20 de março de 1860, às cinco horas e quarenta e três minutos da manhã. Tinha então sessenta e oito anos de idade. Minha alma voou pelo espaço, até perder a terra de vista, deixando muito abaixo a lua, as estrelas e o sol; penetrou finalmente num espaço em que não havia mais nada, e era clareado tão somente por uma luz difusa. Continuei a subir, e comecei a ver um pontinho mais luminoso ao longe, muito longe. O ponto cresceu, fez-se sol. Fui por ali dentro, sem arder, porque as almas são incombustíveis. A sua pegou fogo alguma vez?

— Não, senhor.

— São incombustíveis. Fui subindo, subindo; na distância de quarenta mil léguas, ouvi uma deliciosa música, e logo que cheguei a cinco mil léguas, desceu um enxame de almas, que me levaram num palanquim feito de éter e plumas. Entrei daí a pouco no novo sol, que é o planeta dos virtuosos da terra. Não sou poeta, monsenhor; não ouso descrever-lhe as magni-

LOUCURA

ficências daquela estância divina. Poeta que fosse, não poderia, usando a linguagem humana, transmitir-lhe a emoção da grandeza, do deslumbramento, da felicidade, os êxtases, as melodias, os arrojos de luz e cores, uma cousa indefinível e incompreensível. Só vendo. Lá dentro é que soube que completava mais um milheiro de almas; tal era o motivo das festas extraordinárias que me fizeram, e que duraram dois séculos, ou, pelas nossas contas, quarenta e oito horas. Afinal, concluídas as festas, convidaram-me a tornar à terra para cumprir uma vida nova; era o privilégio de cada alma que completava um milheiro. Respondi agradecendo e recusando, mas não havia recusar. Era uma lei eterna. A única liberdade que me deram foi a escolha do veículo; podia nascer príncipe ou condutor de ônibus. Que fazer? Que faria Vossa Reverendíssima no meu lugar?

— Não posso saber; depende...

— Tem razão; depende das circunstâncias. Mas imagine que as minhas eram tais que não me davam gosto a tornar cá. Fui vítima da inexperiência, monsenhor, tive uma velhice ruim, por essa razão. Então lembrou-me que sempre ouvira dizer a meu pai e outras pessoas mais velhas, quando viam algum rapaz: — "Quem me dera aquela idade, sabendo o que sei hoje!" Lembrou-me isto, e declarei que me era indiferente nascer mendigo ou potentado, com a condição de nascer experiente. Não imagina o riso universal com que me ouviram. Jó, que ali preside a província dos pacientes, disse-me que um tal desejo era disparate; mas eu teimei e venci. Daí a pouco escorreguei no espaço: gastei nove meses a atravessá-lo até cair nos braços de uma ama de leite, e chamei-me José Maria. Vossa Reverendíssima é Romualdo, não?

— Sim, senhor. Romualdo de Sousa Caldas.

— Será parente do padre Sousa Caldas?

— Não, senhor.

— Bom poeta o padre Caldas. Poesia é um dom; eu nunca pude compor uma décima. Mas, vamos ao que importa. Conto-lhe primeiro o que me sucedeu; depois lhe direi o que desejo de Vossa Reverendíssima. Entretanto, se me permitisse ir fumando...

Monsenhor Caldas fez um gesto de assentimento, sem perder de vista a bengala que José Maria conservava atravessada sobre as pernas. Este preparou vagarosamente um cigarro. Era um homem de trinta e poucos anos, pálido, com um olhar ora mole e apagado, ora inquieto e centelhante. Apareceu ali, tinha o padre acabado de almoçar e pediu-lhe uma entrevista para negócio grave e urgente. Monsenhor fê-lo entrar e sentar-se; no fim de dez minutos, viu que estava com um lunático. Perdoava-lhe a incoerência das ideias ou o assombroso das invenções; podia ser até que lhe servissem de estudo. Mas o desconhecido teve um assomo de raiva, que meteu medo ao pacato clérigo. Que podiam fazer ele e o preto, ambos velhos, contra qualquer agressão de um homem forte e louco? Enquanto esperava o auxílio policial, monsenhor Caldas desfazia-se em sorrisos e assentimentos de cabeça, espantava-se com ele, alegrava-se com ele, política útil com os loucos, as mulheres e os potentados. José Maria acendeu finalmente o cigarro, e continuou:

— Renasci em cinco de janeiro de 1861. Não lhe digo nada da nova meninice, porque aí a experiência teve só uma forma instintiva. Mamava pouco; chorava o menos que podia para não apanhar pancada. Comecei a andar tarde, por medo de cair, e daí me ficou uma tal ou qual fraqueza nas pernas. Correr e rolar, trepar nas árvores, saltar paredões, trocar murros, cousas tão úteis, nada disso fiz, por medo de contusão e sangue. Para falar com franqueza, tive uma infância aborrecida, e a escola não o foi menos. Chamavam-me tolo e moleirão. Realmente, eu vivia fugindo de tudo. Creia que durante esse tempo não escorreguei, mas também não corria nunca. Palavra, foi um tempo de aborrecimento; e, comparando as cabeças quebradas de outro tempo com o tédio de hoje, antes as cabeças quebradas. Cresci; fiz-me rapaz, entrei no período dos amores... Não se assuste; serei casto, como a primeira ceia. Vossa Reverendíssima sabe o que é uma ceia de rapazes e mulheres?

— Como quer que saiba?...

LOUCURA

— Tinha dezenove anos, continuou José Maria, e não imagina o espanto dos meus amigos, quando me declarei pronto a ir a uma tal ceia... Ninguém esperava tal cousa de um rapaz tão cauteloso, que fugia de tudo, dos sonos atrasados, dos sonos excessivos, de andar sozinho a horas mortas, que vivia, por assim dizer, às apalpadelas. Fui à ceia; era no Jardim Botânico, obra esplêndida. Comidas, vinhos, luzes, flores, alegria dos rapazes, os olhos das damas, e, por cima de tudo, um apetite de vinte anos. Há de crer que não comi nada? A lembrança de três indigestões apanhadas quarenta anos antes, na primeira vida, fez-me recuar. Menti dizendo que estava indisposto. Uma das damas veio sentar-se à minha direita, para curar-me; outra levantou-se também e veio para minha esquerda, com o mesmo fim. Você cura de um lado, eu curo do outro —, disseram elas. Eram lépidas, frescas, astuciosas, e tinham fama de devorar o coração e a vida dos rapazes. Confesso-lhe que fiquei com medo e retraí-me. Elas fizeram tudo, tudo; mas em vão. Vim de lá de manhã, apaixonado por ambas, sem nenhuma delas, e caindo de fome. Que lhe parece? — concluiu José Maria pondo as mãos nos joelhos, e arqueando os braços para fora.

— Com efeito...

— Não lhe digo mais nada; Vossa Reverendíssima adivinhará o resto. A minha segunda vida é assim uma mocidade expansiva e impetuosa, enfreada por uma experiência virtual e tradicional. Vivo como Eurico*, atado ao próprio cadáver... Não, a comparação não é boa. Como lhe parece que vivo?

— Sou pouco imaginoso. Suponho que vive assim como um pássaro, batendo as asas e amarrado pelos pés...

— Justamente. Pouco imaginoso? Achou a fórmula; é isso mesmo. Um pássaro, um grande pássaro, batendo as asas, assim...

José Maria ergueu-se, agitando os braços, à maneira de asas. Ao erguer-se, caiu-lhe a bengala no chão; mas ele não deu por ela. Continuou a agitar os braços, em pé, defronte do padre, e

---

* Eurico: personagem do livro *Eurico, o presbítero*, de Alexandre Herculano (1810-1877).

a dizer que era isso mesmo, um pássaro, um grande pássaro... De cada vez que batia os braços nas coxas, levantava os calcanhares, dando ao corpo uma cadência de movimentos, e conservava os pés unidos, para mostrar que os tinha amarrados. Monsenhor aprovava de cabeça; ao mesmo tempo afiava as orelhas para ver se ouvia passos na escada. Tudo silêncio. Só lhe chegavam os rumores de fora: — carros e carroças que desciam, quitandeiras apregoando legumes, e um piano da vizinhança. José Maria sentou-se finalmente, depois de apanhar a bengala, e continuou nestes termos:
— Um pássaro, um grande pássaro. Para ver quanto é feliz a comparação, basta a aventura que me traz aqui, um caso de consciência, uma paixão, uma mulher, uma viúva, Dona Clemência. Tem vinte e seis anos, uns olhos que não acabam mais, não digo no tamanho, mas na expressão, e duas pinceladas de buço, que lhe completam a fisionomia. É filha de um professor jubilado. Os vestidos pretos ficam-lhe tão bem que eu às vezes digo-lhe rindo que ela não enviuvou senão para andar de luto. Caçoadas! Conhecemo-nos há um ano, em casa de um fazendeiro de Cantagalo. Saímos namorados um do outro. Já sei o que me vai perguntar: por que é que não nos casamos, sendo ambos livres...
— Sim, senhor.
— Mas, homem de Deus! é essa justamente a matéria da minha aventura. Somos livres, gostamos um do outro, e não nos casamos: tal é a situação tenebrosa que venho expor a Vossa Reverendíssima, e que a sua teologia ou o que quer que seja explicará, se puder. Voltamos para a Corte namorados. Clemência morava com o velho pai, e um irmão empregado no comércio; relacionei-me com ambos, e comecei a frequentar a casa, em Matacavalos. Olhos, apertos de mão, palavras soltas, outras ligadas, uma frase, duas frases, e estávamos amados e confessados. Uma noite, no patamar da escada, trocamos o primeiro beijo... Perdoe estas cousas, monsenhor; faça de conta que me está ouvindo de confissão. Nem eu lhe digo isto senão para acrescentar que saí dali tonto, desvairado, com a imagem

LOUCURA

de Clemência na cabeça e o sabor do beijo na boca. Errei cerca de duas horas, planeando uma vida única; determinei pedir-lhe a mão no fim da semana, e casar daí a um mês. Cheguei às derradeiras minúcias, cheguei a redigir e ornar de cabeça as cartas de participação. Entrei em casa depois de meia-noite, e toda essa fantasmagoria voou, como as mutações à vista nas antigas peças de teatro. Veja se adivinha como.

— Não alcanço...

— Considerei, no momento de despir o colete, que o amor podia acabar depressa; tem-se visto algumas vezes. Ao descalçar as botas, lembrou-me cousa pior: — podia ficar o fastio. Concluí a *toilette* de dormir, acendi um cigarro, e, reclinado no canapé, pensei que o costume, a convivência, podia salvar tudo; mas, logo depois, adverti que as duas índoles podiam ser incompatíveis; e que fazer com duas índoles incompatíveis e inseparáveis? Mas, enfim, dei de barato tudo isso, porque a paixão era grande, violenta; considerei-me casado, com uma linda criancinha... Uma? duas, seis, oito; podiam vir oito, podiam vir dez; algumas aleijadas. Também podia vir uma crise, duas crises, falta de dinheiro, penúria, doenças; podia vir alguma dessas afeições espúrias que perturbam a paz doméstica... Considerei tudo e concluí que o melhor era não casar. O que não lhe posso contar é o meu desespero; faltam-me expressões para lhe pintar o que padeci nessa noite... Deixa-me fumar outro cigarro?

Não esperou resposta, fez o cigarro, e acendeu-o. Monsenhor não podia deixar de admirar-lhe a bela cabeça, no meio do desalinho próprio do estado; ao mesmo tempo notou que ele falava em termos polidos, e que, apesar dos rompantes mórbidos, tinha maneiras. Que diabo podia ser esse homem? José Maria continuou a história, dizendo que deixou de ir à casa de Clemência, durante seis dias, mas não resistiu às cartas e às lágrimas. No fim de uma semana correu para lá, e confessou-lhe tudo, tudo. Ela ouviu-o com muito interesse, e quis saber o que era preciso para acabar com tantas cismas, que prova de amor queria que ela lhe desse. A resposta de José Maria foi uma pergunta.

— Está disposta a fazer-me um grande sacrifício? — disse-lhe eu. — Clemência jurou que sim. "Pois bem, rompa com tudo, família e sociedade; venha morar comigo; casamo-nos depois desse noviciado." Compreendo que Vossa Reverendíssima arregale os olhos. Os dela encheram-se de lágrimas; mas, apesar de humilhada, aceitou tudo. Vamos; confesse que sou um monstro.
— Não, senhor...
— Como não? Sou um monstro. Clemência veio para minha casa, e não imagina as festas com que a recebi. "Deixo tudo, disse-me ela; você é para mim o universo." Eu beijei-lhe os pés, beijei-lhe os tacões dos sapatos. Não imagina o meu contentamento. No dia seguinte, recebi uma carta tarjada de preto; era a notícia da morte de um tio meu, em Sant'Ana do Livramento, deixando-me vinte mil contos. Fiquei fulminado. "Entendo, disse a Clemência, você sacrificou tudo, porque tinha a notícia da herança." Desta vez, Clemência não chorou, pegou em si e saiu. Fui atrás dela, envergonhado, pedi-lhe perdão; ela resistiu. Um dia, dous dias, três dias, foi tudo em vão; Clemência não cedia nada, não falava sequer. Então declarei-lhe que me mataria; comprei um revólver, fui ter com ela, e apresentei-lho: é este.

Monsenhor Caldas empalideceu. José Maria mostrou-lhe o revólver, durante alguns segundos, tornou a metê-lo na algibeira, e continuou:

— Cheguei a dar um tiro. Ela, assustada, desarmou-me e perdoou-me. Ajustamos precipitar o casamento, e, pela minha parte, impus uma condição: doar os vinte mil contos à Biblioteca Nacional. Clemência atirou-se-me aos braços, e aprovou-me com um beijo. Dei os vinte mil contos. Há de ter lido nos jornais... Três semanas depois casamo-nos. Vossa Reverendíssima respira como quem chegou ao fim. Qual! Agora é que chegamos ao trágico. O que posso fazer é abreviar umas particularidades e suprimir outras; restrinjo-me a Clemência. Não lhe falo de outras emoções truncadas, que são todas as minhas, abortos de prazer, planos que se esgarçam no ar, nem das ilusões de saia rota, nem do tal pássaro... plás... plás... plás... de

LOUCURA

um salto, José Maria ficou outra vez de pé, agitando os braços, e dando ao corpo uma cadência. Monsenhor Caldas começou a suar frio. No fim de alguns segundos, José Maria parou, sentou-se, e reatou a narração, agora mais difusa, mais derramada, evidentemente mais delirante. Contava os sustos em que vivia, desgostos e desconfianças. Não podia comer um figo às dentadas, como outrora: o receio do bicho diminuía-lhe o sabor. Não cria nas caras alegres da gente que ia pela rua: preocupações, desejos, ódios, tristezas, outras cousas, iam dissimuladas por umas três quartas partes delas. Vivia a temer um filho cego ou surdo-mudo, ou tuberculoso, ou assassino etc. Não conseguia dar um jantar que não ficasse triste logo depois da sopa, pela ideia de que uma palavra sua, um gesto da mulher, qualquer falta de serviço podia sugerir o epigrama digestivo, na rua, debaixo de um lampião. A experiência dera-lhe o terror de ser empulhado. Confessava ao padre que, realmente, não tinha até agora lucrado nada; ao contrário, perdera até, porque fora levado ao sangue... Ia contar-lhe o caso do sangue. Na véspera, deitara-se cedo, e sonhou... Com quem pensava o padre que ele sonhou?

— Não atino...
— Sonhei que o Diabo lia-me o Evangelho. Chegando ao ponto em que Jesus fala dos lírios-do-campo, o Diabo colheu alguns e deu-mos. "Toma, disse-me ele; são os lírios da Escritura; segundo ouviste, nem Salomão, em toda a pompa, pode ombrear com eles, Salomão é a sapiência. E sabes o que são estes lírios, José? São os teus vinte anos." Fitei-os encantado; eram lindos como não imagina. O Diabo pegou deles, cheirou-os e disse-me que os cheirasse também. Não lhe digo nada; no momento de os chegar ao nariz, vi sair de dentro um réptil fedorento e torpe, dei um grito, e arrojei para longe as flores. Então, o Diabo, escancarando uma formidável gargalhada: "José Maria, são os teus vinte anos." Era uma gargalhada assim:
— cá, cá, cá, cá, cá...

José Maria ria à solta, ria de um modo estridente e diabólico. De repente, parou; levantou-se, e contou que, tão depressa abriu os olhos, como viu a mulher diante dele aflita e desgrenhada. Os olhos de Clemência eram doces, mas ele disse-lhe que os olhos doces também fazem mal. Ela arrojou-se-lhe aos pés... Neste ponto a fisionomia de José Maria estava tão transtornada que o padre, também de pé, começou a recuar, trêmulo e pálido. "Não, miserável! não! tu não me fugirás!", bradava José Maria investindo para ele. Tinha os olhos esbugalhados, as têmporas latejantes; o padre ia recuando... recuando... Pela escada acima ouvia-se um rumor de espadas e de pés.

MULHERES

Machado de Assis é considerado um grande criador de personagens femininas. Suas mulheres são frequentemente misteriosas, enigmáticas, dotadas de grande senso de percepção, capazes de manipular psicologicamente o mais astuto dos homens.

"Sabido é que às mulheres agrada o misterioso e o raro."
Conto "Rui de Leão"

"Marcela amou-me durante quinze meses e onze contos de réis; nada menos."
Memórias póstumas de Brás Cubas

"A indiscrição das mulheres é uma burla inventada pelos homens; em amor, pelo menos, elas são um verdadeiro sepulcro."
Memórias póstumas de Brás Cubas

"Não basta ver uma mulher para a conhecer, é preciso ouvi-la também; ainda que muitas vezes baste ouvi-la para não a conhecer jamais."
Ressurreição

"As mulheres são menos fracas que os homens, ou mais pacientes, mais capazes de sofrer a dor e a adversidade."
Memorial de Aires

"[...] a adulação das mulheres não é a mesma coisa que a dos homens. Esta orça pela servilidade; a outra confunde-se com a afeição. As formas graciosamente curvas, a palavra doce, a mesma fraqueza física dão à ação lisonjeira da mulher uma cor local, um aspecto legítimo. Não importa a idade do adulado; a mulher há de ter sempre para ele uns ares de mãe ou de irmã, — ou ainda de enfermeira, outro ofício feminil, em que o mais hábil dos homens carecerá sempre de um *quid*, um fluido, alguma coisa."
Memórias póstumas de Brás Cubas

"Carlos Maria amava a conversação das mulheres, tanto quanto, em geral, aborrecia a dos homens. Achava os homens declamadores, grosseiros, cansativos, pesados, frívolos, chulos,

MULHERES

triviais. As mulheres, ao contrário, não eram grosseiras, nem declamadoras, nem pesadas. A vaidade nelas ficava bem, e alguns defeitos não lhes iam mal; tinham, ao demais, a graça e a meiguice do sexo. Das mais insignificantes, pensava ele, há sempre alguma coisa que extrair. Quando as achava insípidas ou estúpidas, tinha para si que eram homens mal-acabados."

Quincas Borba

O trecho a seguir é a descrição dos olhos da personagem Capitu, de *Dom Casmurro*. Trata-se de uma das passagens mais famosas de toda a obra machadiana, na qual aparece a expressão "olhos de ressaca", que viria a se incorporar para sempre ao repertório literário da língua portuguesa.

"Retórica dos namorados, dá-me uma comparação exata e poética para dizer o que foram aqueles olhos de Capitu. Não me acode imagem capaz de dizer, sem quebra da dignidade do estilo, o que eles foram e me fizeram. Olhos de ressaca? Vá, de ressaca. É o que me dá a ideia daquela feição nova. Trazia um não sei que fluido misterioso e enérgico, uma força que arrastava para dentro, como a vaga que se retira da praia, nos dias de ressaca. Para não ser arrastado, agarrei-me às outras partes vizinhas, às orelhas, aos braços, aos cabelos espalhados pelos ombros; mas tão depressa buscava as pupilas, a onda que saía delas vinha crescendo, cava e escura, ameaçando envolver-me, puxar-me e tragar-me. Quantos minutos gastamos naquele jogo? Só os relógios do céu terão marcado esse tempo infinito e breve. A eternidade tem as suas pêndulas; nem por não acabar nunca deixa de querer saber a duração das felicidades e dos suplícios. Há de dobrar o gozo aos bem-aventurados do céu conhecer a soma dos tormentos que já terão padecido no inferno os seus inimigos; assim também a quantidade das delícias que terão gozado no céu os seus desafetos aumentará as dores aos condenados do inferno. Este outro suplício escapou ao divino Dante; mas eu não estou aqui para emendar poetas. Estou para contar que, ao cabo de um tempo não marcado, agarrei-me definitivamente aos cabelos de Capitu, mas então com as mãos, e disse-lhe, — para dizer alguma coisa, — que era capaz de os pentear, se quisesses.

— Você?
— Eu mesmo.
— Vai embaraçar-me o cabelo todo, isto, sim.
— Se embaraçar, você desembaraça depois.
— Vamos ver."

Dom Casmurro

CONTO

Uma senhora

Nunca encontro esta senhora que me não lembre a profecia de uma lagartixa ao poeta Heine, subindo os Apeninos: "Dia virá em que as pedras serão plantas, as plantas animais, os animais homens e os homens deuses". E dá-me vontade de dizer-lhe: — A senhora, D. Camila, amou tanto a mocidade e a beleza, que atrasou o seu relógio, a fim de ver se podia fixar esses dois minutos de cristal. Não se desconsole, D. Camila. No dia da lagartixa, a senhora será Hebe, deusa da juventude; a senhora nos dará a beber o néctar da perenidade com as suas mãos eternamente moças.

A primeira vez que a vi, tinha ela trinta e seis anos, posto só parecesse trinta e dous, e não passasse da casa dos vinte e nove. Casa é um modo de dizer. Não há castelo mais vasto do que a vivenda destes bons amigos, nem tratamento mais obsequioso do que o que eles sabem dar às suas hóspedes. Cada vez que D. Camila queria ir-se embora, eles pediam-lhe muito que ficasse, e ela ficava. Vinham então novos folguedos, cavalhadas, música, dança, uma sucessão de cousas belas, inventadas com o único fim de impedir que esta senhora seguisse o seu caminho.

— Mamãe, mamãe — dizia-lhe a filha crescendo —, vamos embora, não podemos ficar aqui toda a vida.

D. Camila olhava para ela mortificada, depois sorria, dava-lhe um beijo e mandava-a brincar com as outras crianças. Que outras crianças? Ernestina estava então entre quatorze e quinze anos, era muito espigada, muito quieta, com uns modos naturais de senhora. Provavelmente não se divertiria com as meninas de oito e nove anos; não importa, uma vez que deixasse a mãe tranquila, podia alegrar-se ou enfadar-se. Mas, ai triste! há um limite para tudo, mesmo para os vinte e nove anos. D. Camila resolveu, enfim, despedir-se desses dignos anfitriões, e fê-lo ralada de saudades. Eles ainda instaram por uns cinco ou seis meses de quebra; a bela dama respondeu-lhes que era impossível e, trepando no alazão do tempo, foi alojar-se na casa dos trinta.

Ela era, porém, daquela casta de mulheres que riem do sol e dos almanaques. Cor de leite, fresca, inalterável, deixava às outras o trabalho de envelhecer. Só queria o de existir. Cabelo negro, olhos castanhos e cálidos. Tinha as espáduas e o colo feitos de encomenda para os vestidos decotados, e assim também os braços, que eu não digo que eram os da Vênus de Milo, para evitar uma vulgaridade, mas provavelmente não eram outros. D. Camila sabia disto; sabia que era bonita, não só porque lho dizia o olhar sorrateiro das outras damas, como por um certo instinto que a beleza possui, como o talento e o gênio. Resta dizer que era casada, que o marido era ruivo, e que os dous amavam-se como noivos; finalmente, que era honesta. Não o era, note-se bem, por temperamento, mas por princípio, por amor ao marido, e creio que um pouco por orgulho.

Nenhum defeito, pois, exceto o de retardar os anos; mas é isso um defeito? Há, não me lembra em que página da Escritura, naturalmente nos Profetas, uma comparação dos dias com as águas de um rio que não voltam mais. D. Camila queria fazer uma represa para seu uso. No tumulto desta marcha contínua entre o nascimento e a morte, ela apegava-se à ilusão da estabilidade. Só se lhe podia exigir que não fosse ridícula, e não o era. Dir-me-á o leitor que a beleza vive de si mesma, e que a preocupação do calendário mostra que esta senhora vivia principalmente com os olhos na opinião. É verdade; mas como quer que vivam as mulheres do nosso tempo?

D. Camila entrou na casa dos trinta, e não lhe custou passar adiante. Evidentemente o terror era uma superstição. Duas ou

MULHERES

três amigas íntimas, nutridas de aritmética, continuavam a dizer que ela perdera a conta dos anos. Não advertiam que a natureza era cúmplice no erro, e que aos quarenta anos (verdadeiros), D. Camila trazia um ar de trinta e poucos. Restava um recurso: espiar-lhe o primeiro cabelo branco, um fiozinho de nada, mas branco. Em vão espiavam; o demônio do cabelo parecia cada vez mais negro.

Nisto enganavam-se. O fio branco estava ali; era a filha de D. Camila que entrava nos dezenove anos, e, por mal de pecados, bonita. D. Camila prolongou, quanto pôde, os vestidos adolescentes da filha, conservou-a no colégio até tarde, fez tudo para proclamá-la criança. A natureza, porém, que não é só imoral, mas também ilógica, enquanto sofreava os anos de uma, afrouxava a rédea aos da outra, e Ernestina, moça feita, entrou radiante no primeiro baile. Foi uma revelação. D. Camila adorava a filha; saboreou-lhe a glória a tragos demorados. No fundo do copo achou a gota amarga e fez uma careta. Chegou a pensar na abdicação mas um grande pródigo de frases feitas disse-lhe que ela parecia a irmã mais velha da filha, e o projeto desfez-se. Foi dessa noite em diante que D. Camila entrou a dizer a todos que casara muito criança.

Um dia, poucos meses depois, apontou no horizonte o primeiro namorado. D. Camila pensara vagamente nessa calamidade, sem encará-la, sem aparelhar-se para a defesa. Quando menos esperava, achou um pretendente à porta. Interrogou a filha; descobriu-lhe um alvoroço indefinível, a inclinação dos vinte anos, e ficou prostrada. Casá-la era o menos; mas, se os seres são como as águas da Escritura, que não voltam mais, é porque atrás deles vêm outros, como atrás das águas outras águas; e para definir essas ondas sucessivas é que os homens inventaram este nome de netos. D. Camila viu iminente o primeiro neto, e determinou adiá-lo. Está claro que não formulou a resolução, como não formulara a ideia do perigo. A alma entende-se a si mesma; uma sensação vale um raciocínio. As que ela teve foram rápidas, obscuras, no mais íntimo do seu ser, donde não as extraiu para não ser obrigada a encará-las.

— Mas que é que você acha de mau no Ribeiro? — perguntou-lhe o marido, uma noite, à janela.
D. Camila levantou os ombros.
— Acho-lhe o nariz torto — disse.
— Mau! Você está nervosa; falemos de outra cousa — respondeu o marido. E, depois de olhar uns dous minutos para a rua, cantarolando na garganta, tornou ao Ribeiro, que achava um genro aceitável, e se lhe pedisse Ernestina, entendia que deviam ceder-lha. Era inteligente e educado. Era também o herdeiro provável de uma tia de Cantagalo. E depois tinha um coração de ouro. Contavam-se dele cousas muito bonitas. Na academia, por exemplo... D. Camila ouviu o resto, batendo com a ponta do pé no chão e rufando com os dedos a sonata da impaciência: mas, quando o marido lhe disse que o Ribeiro esperava um despacho do ministro de estrangeiros, um lugar para os Estados Unidos, não pôde ter-se e cortou-lhe a palavra:
— O quê? separar-me de minha filha? Não, senhor.
Em que dose entrara neste grito o amor materno e o sentimento pessoal, é um problema difícil de resolver, principalmente agora, longe dos acontecimentos e das pessoas. Suponhamos que em partes iguais. A verdade é que o marido não soube que inventar para defender o ministro de estrangeiros, as necessidades diplomáticas, a fatalidade do matrimônio, e, não achando que inventar, foi dormir. Dois dias depois veio a nomeação. No terceiro dia, a moça declarou ao namorado que não a pedisse ao pai, porque não queria separar-se da família. Era o mesmo que dizer: prefiro a família ao senhor. É verdade que tinha a voz trêmula e sumida, e um ar de profunda consternação; mas o Ribeiro viu tão somente a rejeição, e embarcou. Assim acabou a primeira aventura.

D. Camila padeceu com o desgosto da filha; mas consolou-se depressa. Não faltam noivos, refletiu ela. Para consolar a filha, levou-a a passear a toda parte. Eram ambas bonitas, e Ernestina tinha a frescura dos anos; mas a beleza da mãe era mais perfeita e, apesar dos anos, superava a da filha. Não vamos ao ponto de crer que o sentimento da superioridade é que animava D. Camila a prolongar e repetir os passeios. Não: o amor materno, só por si, explica tudo. Mas concedamos que animasse um pouco. Que mal há nisso? Que mal há em que um bravo coronel defenda nobremente a pátria, e as suas dragonas? Nem por isso acaba o amor da pátria e o amor das mães.

Meses depois despontou a orelha de um segundo namorado. Desta vez era um viúvo, advogado, vinte e sete anos. Ernestina não sentiu por ele a mesma emoção que o outro lhe dera; limitou-se a aceitá-lo. D. Camila farejou depressa a nova candidatura. Não podia alegar nada contra ele; tinha o nariz reto como a consciência, e profunda aversão à vida diplomática. Mas haveria outros defeitos, devia haver outros. D. Camila buscou-os com alma; indagou de suas relações, hábitos, passado. Conseguiu achar umas cousinhas miúdas, tão somente a unha da imperfeição humana, alternativas de humor, ausência de graças intelectuais, e, finalmente, um grande excesso de amor-próprio. Foi nesse ponto que a bela dama o apanhou. Começou a levantar vagarosamente a muralha do silêncio; lançou primeiro a camada das pausas, mais ou menos longas, depois as frases curtas, depois os monossílabos, as distrações, as absorções, os olhares complacentes, os ouvidos resignados, os bocejos fingidos por trás da ventarola. Ele não entendeu logo; mas, quando reparou que os enfados da mãe coincidiam com as ausências da filha, achou que era ali demais e retirou-se. Se fosse homem de luta, tinha saltado a muralha; mas era orgulhoso e fraco. D. Camila deu graças aos deuses.

Houve um trimestre de respiro. Depois apareceram alguns namoricos de uma noite, insetos efêmeros, que não deixaram história. D. Camila compreendeu que eles tinham de multiplicar-se, até vir algum decisivo que a obrigasse a ceder; mas ao menos, dizia ela a si mesma, queria um genro que trouxesse à filha a mesma felicidade que o marido lhe deu. E, uma vez, ou para robustecer este decreto da vontade, ou por outro motivo, repetiu o conceito em voz alta, embora só ela pudesse ouvi-lo. Tu, psicólogo subtil, podes imaginar que ela queria convencer-se a si mesma; eu prefiro contar o que lhe aconteceu em 186...

Era de manhã. D. Camila estava ao espelho, a janela aberta, a chácara verde e sonora de cigarras e passarinhos. Ela sentia em si a harmonia que a ligava às cousas externas. Só a beleza intelectual é independente e superior. A beleza física é irmã da paisagem. D. Camila saboreava essa fraternidade íntima, secreta, um sentimento de identidade, uma recordação da vida anterior no mesmo útero divino. Nenhuma lembrança desagradável, nenhuma ocorrência vinha turvar essa expansão misteriosa. Ao contrário, tudo parecia embebê-la de eternidade, e os quarenta e dous anos em que ia não lhe pesavam mais do que outras tantas folhas de rosa. Olhava para fora, olhava para o espelho. De repente, como se lhe surdisse uma cobra, recuou aterrada. Tinha visto, sobre a fonte esquerda, um cabelinho branco. Ainda cuidou que fosse do marido; mas reconheceu depressa que não, que era dela mesma, um telegrama da velhice, que aí vinha a marchas forçadas. O primeiro sentimento foi de prostração. D. Camila sentiu faltar-lhe tudo, tudo, viu-se encanecida e acabada no fim de uma semana.

— Mamãe, mamãe — bradou Ernestina entrando na saleta.
— Está aqui o camarote que papai mandou.

D. Camila teve um sobressalto de pudor, e instintivamente voltou para a filha o lado que não tinha o fio branco. Nunca a achou tão graciosa e lépida. Fitou-a com saudade. Fitou-a também com inveja, e, para abafar este sentimento mau, pegou no bilhete do camarote. Era para aquela mesma noite. Uma ideia expele outra; D. Camila anteviu-se no meio das luzes e das gentes, e depressa levantou o coração. Ficando só, tornou a olhar para o espelho, e corajosamente arrancou o cabelinho branco, e deitou-o à chácara. *Out, dammed spot! Out!** Mais feliz do que a outra *lady* Macbeth, viu assim desaparecer a nódoa no ar, porque no ânimo dela, a velhice era um remorso, e a fealdade um crime. Sai, maldita mancha! sai!

Mas, se os remorsos voltam, por que não hão de voltar os cabelos brancos? Um mês depois, D. Camila descobriu outro,

---
* "Sai, maldita mancha! Sai!".

insinuado na bela e farta madeixa negra, e amputou-o sem piedade. Cinco ou seis semanas depois, outro. Este terceiro coincidiu com um terceiro candidato à mão da filha, e ambos acharam D. Camila numa hora de prostração. A beleza, que lhe suprira a mocidade, parecia-lhe prestes a ir também, como uma pomba sai em busca da outra. Os dias precipitavam-se. Crianças que ela vira ao colo, ou de carrinho empuxado pelas amas, dançavam agora nos bailes. Os que eram homens fumavam; as mulheres cantavam ao piano. Algumas destas apresentavam-lhe os seus *babies*, gorduchos, uma segunda geração que mamava, à espera de ir bailar também, cantar ou fumar, apresentar outros *babies* a outras pessoas, e assim por diante.

D. Camila apenas tergiversou um pouco, acabou cedendo. Que remédio, senão aceitar um genro? Mas, como um velho costume não se perde de um dia para outro, D. Camila viu paralelamente, naquela festa do coração, um cenário e grande cenário. Preparou-se galhardamente, e o efeito correspondeu ao esforço. Na igreja, no meio de outras damas; na sala, sentada no sofá (o estofo que forrava este móvel, assim como o papel da parede foram sempre escuros para fazer sobressair a tez de D. Camila), vestida a capricho, sem o requinte da extrema juventude, mas também sem a rigidez matronal, um meio-termo apenas, destinado a pôr em relevo as suas graças outoniças, risonha, e feliz, enfim, a recente sogra colheu os melhores sufrágios. Era certo que ainda lhe pendia dos ombros um retalho de púrpura*.

Púrpura supõe dinastia. Dinastia exige netos. Restava que o Senhor abençoasse a união, e ele abençoou-a, no ano seguinte. D. Camila acostumara-se à ideia; mas era tão penoso abdicar, que ela aguardava o neto com amor e repugnância. Esse importuno embrião, curioso da vida e pretensioso, era necessário na terra? Evidentemente, não; mas apareceu um dia, com as flores de setembro. Durante a crise, D. Camila só teve de pensar na filha; depois da crise, pensou na filha e no neto. Só

---
* Púrpura era a cor dos mantos dos reis e imperadores antigos.

dias depois é que pôde pensar em si mesma. Enfim, avó. Não havia que duvidar; era avó. Nem as feições que eram ainda concertadas, nem os cabelos, que eram pretos (salvo meia dúzia de fios escondidos), podiam por si sós denunciar a realidade; mas a realidade existia; ela era, enfim, avó.

Quis recolher-se; e para ter o neto mais perto de si, chamou a filha para casa mas a casa não era um mosteiro, e as ruas e os jornais com os seus mil rumores acordavam nela os ecos de outro tempo. D. Camila rasgou o ato de abdicação e tornou ao tumulto.

Um dia, encontrei-a ao lado de uma preta, que levava ao colo uma criança de cinco a seis meses. D. Camila segurava na mão o chapelinho de sol aberto para cobrir a criança. Encontrei-a oito dias depois, com a mesma criança, a mesma preta e o mesmo chapéu de sol. Vinte dias depois, e trinta dias mais tarde, tornei a vê-la, entrando para o *bond* com a preta e a criança. — Você já deu de mamar? — dizia ela à preta. — Olhe o sol. Não vá cair. Não aperte muito o menino. Acordou? Não mexa com ele. Cubra a carinha etc. etc.

Era o neto. Ela, porém, ia tão apertadinha, tão cuidadosa da criança, tão a miúdo, tão sem outra senhora, que antes parecia mãe do que avó; e muita gente pensava que era mãe. Que tal fosse a intenção de D. Camila não o juro eu ("Não jurarás", Mateus V, 34). Tão somente digo que nenhuma outra mãe seria mais desvelada do que D. Camila com o neto; atribuírem-lhe um simples filho era a cousa mais verossímil do mundo.

POLÍTICA

A obra de Machado de Assis é rica em alusões que servem tanto para reconstituirmos o clima político do século passado, do Segundo Império e dos primórdios da República, como também para mostrar que uma série de vícios da vida política brasileira de hoje já existiam naquela época: a fraude eleitoral, o tráfico de influência, os conchavos dissimulados, a mudança de opinião motivada pelo simples interesse pessoal etc.

"O diabo que entenda os políticos."
Diálogos e reflexões de um relojoeiro

"[…] isto de política pode ser comparado à paixão de Nosso Senhor Jesus Cristo; não falta nada, nem o discípulo que nega, nem o discípulo que vende. Coroa de espinhos, bofetadas, madeiro, e afinal morre-se na cruz das ideias, pregado pelos cravos da inveja, da calúnia e da ingratidão…"
Quincas Borba

"Enfim, contados os males e os bens da política, os bens ainda são superiores. Há ingratos, mas os ingratos demitem-se, prendem-se, perseguem-se…"
Quincas Borba

"Quem não sabe que ao pé de cada bandeira grande, pública, ostensiva, há muitas vezes várias outras bandeiras modestamente particulares, que se hasteiam e flutuam à sombra daquela, e não poucas vezes lhe sobrevivem?"
Memórias póstumas de Brás Cubas

"Isto de ver um governo e um partido de radical, arrolhando a imprensa, não é coisa nova, mas há de ser sempre coisa ridícula."
Diálogos e reflexões de um relojoeiro

"Entrei na política por gosto, por família, por ambição, e um pouco por vaidade. Já vê que reuni em mim só todos os motivos que levam o homem à vida pública…"
Memórias póstumas de Brás Cubas

"Venha, venha o voto feminino; eu o desejo, não somente porque é ideia de publicistas notáveis, mas porque é um elemento estético nas eleições, onde não há estética."
Crônica de 1º de abril de 1877

POLÍTICA

"Elevemos a mulher ao eleitorado; é mais discreta que o homem, mais zelosa, mais desinteressada. Em vez de a conservarmos nesta injusta minoridade, convidemo-la a colaborar com o homem na oficina da política."
Crônica de 5 de julho de 1894

"Se há muito riso quando um partido sobe, também há muita lágrima do outro que desce, e do riso e da lágrima se faz o primeiro dia da situação, como no Gênesis."
Esaú e Jacó

"Batista recuou com horror. Isto de subir as escadas do poder e dizer-lhe que estava às ordens não era concebível sequer. D. Cláudia admitiu que não, mas um amigo faria tudo, um amigo íntimo do governo que dissesse ao Ouro Preto: "Visconde, você por que é que não convida o Batista? Foi sempre liberal nas ideias. Dê-lhe uma presidência, pequena que seja, e..."
Esaú e Jacó

O romance *Esaú e Jacó* tem como pano de fundo um período importante da história do Brasil, a passagem do regime monárquico ao republicano. No trecho que leremos a seguir, o narrador descreve a família Batista, à qual pertence a jovem Flora, motivo da disputa amorosa entre os gêmeos Pedro e Paulo. O chefe da família Batista tinha sido presidente de província (equivalente hoje a governador de estado) e aqui ficamos sabendo as razões que levaram à sua demissão. Parece um retrato do Brasil de hoje...

"A gente Batista conheceu a gente Santos em não sei que fazenda da província do Rio. Não foi Maricá, embora ali tivesse nascido o pai dos gêmeos; seria em qualquer outro município. Fosse qual fosse, ali é que se conheceram as duas famílias, e como morassem próximas em Botafogo, a assiduidade e a simpatia vieram ajudando o caso fortuito.

Batista, o pai da donzela, era homem de quarenta e tantos anos, advogado do cível, ex-presidente de província e membro do partido conservador. A ida à fazenda tivera por objeto exatamente uma conferência política para fins eleitorais, mas tão estéril que ele tornou de lá sem, ao menos, um ramo de esperança. Apesar de ter amigos no governo, não alcançara nada, nem deputação, nem presidência. Interrompera a carreira desde que foi exonerado daquele cargo "a pedido", disse o decreto, mas as queixas do exonerado faziam crer outra coisa. De fato, perdera as eleições, e atribuía a esse desastre político a demissão do cargo.

— Não sei o que é que ele queria que eu fizesse mais — dizia Batista falando do ministro. Cerquei igrejas —; nenhum amigo pediu polícia que eu não mandasse; processei talvez umas vinte pessoas, outras foram para a cadeia sem processo. Havia de enforcar gente? Ainda assim houve duas mortes no Ribeirão das Moças.

O final era excessivo, porque as mortes não foram obra dele; quando muito, ele mandou abafar o inquérito, se se pode chamar inquérito a uma simples conversação sobre a ferocidade dos dois defuntos. Em suma, as eleições foram incruentas.

Batista dizia que por causa das eleições perdera a presidência, mas corria outra versão, um negócio de águas, concessão feita a um espanhol, a pedido do irmão da esposa do presidente. O pedido era verdadeiro, a imputação de sócio é que era falsa. Não importa; tanto bastou para que a folha da oposição dissesse que houve naquilo um bom "arranjo de família", acrescentando que, como era de águas, devia ser negócio limpo. A folha da administração retorquiu que, se águas havia, não eram bastantes para lavar o sujo do carvão deixado pela última presidência liberal, um fornecimento de palácio. Não era exato; a folha da oposição reviveu o processo antigo e mostrou que a defesa fora cabal. Podia parar aqui, mas continuou que, "como agora estávamos em Espanha", o presidente emendou o poeta espanhol, autor daquele epitáfio:

POLÍTICA

> *Cuñados y juntos;*
> *Es cierto que están difuntos;*

e emendou-o por não ser obrigado a matar ninguém, antes deu vida a si e aos seus, dizendo pela nossa língua:

> Cunhados e cunhadíssimos;
> É certo que são vivíssimos!

Batista acudiu depressa ao mal, declarando sem efeito a concessão, mas isso mesmo serviu à oposição para novos arremessos: "Temos a confissão do réu!" foi o título do primeiro artigo que rendeu à folha da oposição o ato do presidente. Os correspondentes tinham já escrito para o Rio de Janeiro falando da concessão, e o governo acabou por demitir o seu delegado."

Esaú e Jacó

CONTO

A sereníssima República
(Conferência do Cônego Vargas)

Meus senhores,
Antes de comunicar-vos uma descoberta, que reputo de algum lustre para o nosso país, deixai que vos agradeça a prontidão com que acudistes ao meu chamado. Sei que um interesse superior vos trouxe aqui; mas não ignoro também, — e fora ingratidão ignorá-lo, — que um pouco de simpatia pessoal se mistura à vossa legítima curiosidade científica. Oxalá possa eu corresponder a ambas.

Minha descoberta não é recente; data do fim do ano de 1876. Não a divulguei então, — e, a não ser o *Globo*, interessante diário desta capital, não a divulgaria ainda agora, — por uma razão que achará fácil entrada no vosso espírito. Esta obra de que venho falar-vos, carece de retoques últimos, de verificações e experiências complementares. Mas o *Globo* noticiou que um sábio inglês descobriu a linguagem fônica dos insetos, e cita o estudo feito com as moscas. Escrevi logo para a Europa e aguardo as respostas com ansiedade. Sendo certo, porém, que pela navegação aérea, invento do Padre Bartolomeu, é glorificado o nome estrangeiro, enquanto o do nosso patrício mal se pode dizer lembrado dos seus naturais, determinei evitar a

POLÍTICA

sorte do insigne Voador*, vindo a esta tribuna, proclamar alto e bom som, à face do universo, que muito antes daquele sábio, e fora das ilhas britânicas, um modesto naturalista descobriu cousa idêntica, e fez com ela obra superior.

Senhores, vou assombrar-vos, como teria assombrado a Aristóteles, se lhe perguntasse: credes que se possa dar regime social às aranhas? Aristóteles responderia negativamente, como vós todos, porque é impossível crer que jamais se chegasse a organizar socialmente esse articulado arisco, solitário, apenas disposto ao trabalho, e dificilmente ao amor. Pois bem, esse impossível fi-lo eu.

Ouço um riso, no meio do sussurro de curiosidade. Senhores, cumpre vencer os preconceitos. A aranha parece-vos inferior, justamente porque não a conheceis. Amais o cão, prezais o gato e a galinha, e não advertis que a aranha não pula nem ladra como o cão, não mia como o gato, não cacareja como a galinha, não zune nem morde como o mosquito, não nos leva o sangue e o sono como a pulga. Todos esses bichos são o modelo acabado da vadiação e do parasitismo. A mesma formiga, tão gabada por certas qualidades boas, dá no nosso açúcar e nas nossas plantações, e funda a sua propriedade roubando a alheia. A aranha, senhores, não nos aflige nem defrauda; apanha as moscas, nossas inimigas, fia, tece, trabalha e morre. Que melhor exemplo de paciência, de ordem, de previsão, de respeito e de humanidade? Quanto aos seus talentos, não há duas opiniões. Desde Plínio até Darwin**, os naturalistas do mundo inteiro formam um só coro de admiração em torno desse bichinho, cuja maravilhosa teia a vassoura inconsciente do vosso criado destrói em menos de um minuto. Eu repetiria agora esses juízos, se me sobrasse tempo; a matéria, porém, excede o prazo, sou constrangido a abreviá-la. Tenho-os aqui, não todos, mas quase todos; tenho, entre eles, esta excelente mo-

---
* Bartolomeu Lourenço de Gusmão (1685-1724), padre e inventor brasileiro, fez experiências com balões dirigíveis, por isso foi apelidado "Padre Voador".
** Plínio (23-79 d.C.), naturalista romano. Charles Darwin (1809-1882), biólogo inglês, autor da teoria da evolução das espécies.

nografia de Büchner*, que com tanta sutileza estudou a vida psíquica dos animais. Citando Darwin e Büchner, é claro que me restrinjo à homenagem cabida a dois sábios de primeira ordem, sem de nenhum modo absolver (e as minhas vestes o proclamam) as teorias gratuitas e errôneas do materialismo.

Sim, senhores, descobri uma espécie araneída que dispõe do uso da fala; coligi alguns, depois muitos dos novos articulados, e organizei-os socialmente. O primeiro exemplar dessa aranha maravilhosa apareceu-me no dia 15 de dezembro de 1876. Era tão vasta, tão colorida, dorso rubro, com listras azuis, transversais, tão rápida nos movimentos, e às vezes tão alegre, que de todo me cativou a atenção. No dia seguinte vieram mais três, e as quatro tomaram posse de um recanto de minha chácara. Estudei-as longamente; achei-as admiráveis. Nada, porém, se pode comparar ao pasmo que me causou a descoberta do idioma araneída, uma língua, senhores, nada menos que uma língua rica e variada, com a sua estrutura sintática, os seus verbos, conjugações, declinações, casos latinos e formas onomatopaicas, uma língua que estou gramaticando para uso das academias, como o fiz sumariamente para meu próprio uso. E fi-lo, notai bem, vencendo dificuldades aspérrimas com uma paciência extraordinária. Vinte vezes desanimei; mas o amor da ciência dava-me forças para arremeter a um trabalho, que hoje declaro, não chegaria a ser feito duas vezes na vida do mesmo homem.

Guardo para outro recinto a descrição técnica do meu aracnídeo, e a análise da língua. O objeto desta conferência é, como disse, ressalvar os direitos da ciência brasileira, por meio de um protesto em tempo; e, isto feito, dizer-vos a parte em que reputo a minha obra superior à do sábio de Inglaterra. Devo demonstrá-lo, e para este ponto chamo a vossa atenção.

Dentro de um mês tinha comigo vinte aranhas; no mês seguinte cinquenta e cinco; em março de 1877 contava quatrocentas e noventa. Duas forças serviram principalmente à empresa

---

* Ludwig Büchner (1824-1899), naturalista alemão.

POLÍTICA

de as congregar: — o emprego da língua delas, desde que pude discerni-la um pouco, e o sentimento de terror que lhes infundi. A minha estatura, as vestes talares, o uso do mesmo idioma, fizeram-lhes crer que era eu o deus das aranhas, e desde então adoraram-me. E vede o benefício desta ilusão. Como as acompanhasse com muita atenção e miudeza, lançando em um livro as observações que fazia, cuidaram que o livro era o registro dos seus pecados, e fortaleceram-me ainda mais na prática das virtudes. A flauta também foi um grande auxiliar. Como sabeis, ou deveis saber, elas são doudas por música.

Não bastava associá-las; era preciso dar-lhes um governo idôneo. Hesitei na escolha; muitos dos atuais pareciam-me bons, alguns excelentes, mas todos tinham contra si o existirem. Explico-me. Uma forma vigente de governo ficava exposta a comparações que poderiam amesquinhá-la. Era-me preciso, ou achar uma forma nova, ou restaurar alguma outra abandonada. Naturalmente adotei o segundo alvitre, e nada me pareceu mais acertado do que uma república, à maneira de Veneza, o mesmo molde, e até o mesmo epíteto. Obsoleto, sem nenhuma analogia, em suas feições gerais, como qualquer outro governo vivo, cabia-lhe ainda a vantagem de um mecanismo complicado, — o que era meter à prova as aptidões políticas da jovem sociedade.

Outro motivo determinou a minha escolha. Entre os diferentes modos eleitorais da antiga Veneza, figurava o do saco e bolas, iniciação dos filhos da nobreza no serviço do Estado. Metiam-se as bolas com os nomes dos candidatos no saco, e extraía-se anualmente um certo número, ficando os eleitos desde logo aptos para as carreiras públicas. Este sistema fará rir aos doutores do sufrágio; a mim não. Ele exclui os desvarios da paixão, os desazos da inépcia, o congresso da corrupção e da cobiça. Mas não foi só por isso que o aceitei; tratando-se de um povo tão exímio na fiação de suas teias, o uso do saco eleitoral era de fácil adaptação, quase uma planta indígena.

A proposta foi aceita. Sereníssima República pareceu-lhes um título magnífico, roçagante, expansivo, próprio a engrandecer a obra popular.

Não direi, senhores, que a obra chegou à perfeição, nem que lá chegue tão cedo. Os meus pupilos não são os solários de Campanella* ou os utopistas de Morus**; formam um povo recente, que não pode trepar de um salto ao cume das nações seculares. Nem o tempo é operário que ceda a outro a lima ou o alvião; ele fará mais e melhor do que as teorias do papel, válidas no papel e mancas na prática. O que posso afirmar-vos é que, não obstante as incertezas da idade, eles caminham, dispondo de algumas virtudes, que presumo, essenciais à duração de um Estado. Uma delas, como já disse, é a perseverança, uma longa paciência de Penélope***, segundo vou mostrar-vos.

Com efeito, desde que compreenderam que no ato eleitoral estava a base da vida pública, trataram de o exercer com a maior atenção. O fabrico do saco foi uma obra nacional. Era um saco de cinco polegadas de altura e três de largura, tecido com os melhores fios, obra sólida e espessa. Para compô-lo foram aclamadas dez damas principais, que receberam o título de mães da república, além de outros privilégios e foros. Uma obra-prima, podeis crê-lo. O processo eleitoral é simples. As bolas recebem os nomes dos candidatos que provarem certas condições, e são escritas por um oficial público denominado "das inscrições". No dia da eleição, as bolas são metidas no saco e tiradas pelo oficial das extrações, até perfazer o número dos elegendos. Isto que era um simples processo inicial na antiga Veneza, serve aqui ao provimento de todos os cargos.

A eleição fez-se a princípio com muita regularidade; mas, logo depois, um dos legisladores declarou que ela fora viciada, por terem entrado no saco duas bolas com o nome do mesmo candidato. A assembleia verificou a exatidão da denúncia, e decretou que o saco até ali de três polegadas de largura, tives-

---

* Tommaso Campanella (1568-1639), filósofo italiano, autor de *A cidade do Sol*, sobre uma imaginária civilização utópica.
** Thomas Morus (1478-1535), humanista inglês, autor do livro *A Utopia*.
*** Penélope: na mitologia grega, esposa de Ulisses, que ficou pacientemente tecendo uma longa teia enquanto aguardava o marido retornar da Guerra de Troia, o que demorou vinte anos.

POLÍTICA

se agora duas; limitando-se a capacidade do saco, restringia-se o espaço à fraude, era o mesmo que suprimi-la. Aconteceu, porém, que na eleição seguinte, um candidato deixou de ser inscrito na competente bola, não se sabe se por descuido ou intenção do oficial público. Este declarou que não se lembrava de ter visto o ilustre candidato, mas acrescentou nobremente que não era impossível que ele lhe tivesse dado o nome; neste caso não houve exclusão, mas distração. A assembleia, diante de um fenômeno psicológico inelutável, como é a distração, não pôde castigar o oficial; mas, considerando que a estreiteza do saco podia dar lugar a exclusões odiosas, revogou a lei anterior e restaurou as três polegadas.

Nesse ínterim, senhores, faleceu o primeiro magistrado, e três cidadãos apresentaram-se candidatos ao posto, mas só dous importantes, Hazeroth e Magog, os próprios chefes do partido retilíneo e do partido curvilíneo. Devo explicar-vos estas denominações. Como eles são principalmente geômetras, é a geometria que os divide em política. Uns entendem que a aranha deve fazer as teias com fios retos, é o partido retilíneo; — outros pensam, ao contrário, que as teias devem ser trabalhadas com fios curvos, — é o partido curvilíneo. Há ainda um terceiro partido, misto e central, com este postulado: as teias devem ser urdidas de fios retos e fios curvos; é o partido reto-curvilíneo; e finalmente, uma quarta divisão política, o partido antirreto-curvilíneo, que fez tábula rasa de todos os princípios litigantes, e propõe o uso de umas teias urdidas de ar, obra transparente e leve, em que não há linhas de espécie alguma. Como a geometria apenas poderia dividi-los, sem chegar a apaixoná-los, adotaram uma simbólica. Para uns, a linha reta exprime os bons sentimentos, a justiça, a probidade, a inteireza, a constância etc., ao passo que os sentimentos ruins ou inferiores, como a bajulação, a fraude, a deslealdade, a perfídia são perfeitamente curvos. Os adversários respondem que não, que a linha curva é a da virtude e do saber, porque é a expressão da modéstia e da humildade; ao contrário, a ignorância, a presunção, a toleima, a parlapatice são retas, duramente retas.

O terceiro partido, menos anguloso, menos exclusivista, desbastou a exageração de uns e outros, combinou os contrastes, e proclamou a simultaneidade das linhas como a exata cópia do mundo físico e moral. O quarto limita-se a negar tudo.

Nem Hazeroth nem Magog foram eleitos. As suas bolas saíram do saco, é verdade, mas foram inutilizadas, a do primeiro por faltar a primeira letra do nome, a do segundo por lhe faltar a última. O nome restante e triunfante era o de um argentário ambicioso, político obscuro, que subiu logo à poltrona ducal, com espanto geral da república. Mas os vencidos não se contentaram de dormir sobre os louros do vencedor; requereram uma devassa. A devassa mostrou que o oficial das inscrições intencionalmente viciara a ortografia de seus nomes. O oficial confessou o defeito e a intenção; mas explicou-os dizendo que se tratava de uma simples elipse, delito, se o era, puramente literário. Não sendo possível perseguir ninguém por defeitos de ortografia ou figuras de retórica, pareceu acertado rever a lei. Nesse mesmo dia ficou decretado que o saco seria feito de um tecido de malhas, através das quais as bolas pudessem ser lidas pelo público, e, *ipso facto*, pelos mesmos candidatos, que assim teriam tempo de corrigir as inscrições.

Infelizmente, senhores, o comentário da lei é a eterna malícia. A mesma porta aberta à lealdade serviu à astúcia de um certo Nabiga, que se conchavou com o oficial das extrações, para haver um lugar na assembleia. A vaga era uma, os candidatos três; o oficial extraiu as bolas com os olhos no cúmplice, que só deixou de abanar negativamente a cabeça, quando a bola pegada foi a sua. Não era preciso mais para condenar a ideia das malhas. A assembleia, com exemplar paciência, restaurou o tecido espesso do regime anterior; mas, para evitar outras elipses, decretou a validação das bolas cuja inscrição estivesse incorreta, uma vez que cinco pessoas jurassem ser o nome inscrito o próprio nome do candidato.

Este novo estatuto deu lugar a um caso novo e imprevisto, como ides ver. Tratou-se de eleger um coletor de espórtulas, funcionário encarregado de cobrar as rendas públicas, sob a

POLÍTICA

forma de espórtulas voluntárias. Eram candidatos, entre outros, um certo Caneca e um certo Nebraska. A bola extraída foi a de Nebraska. Estava errada, é certo, por lhe faltar a última letra; mas, cinco testemunhas juraram, nos termos da lei, que o eleito era o próprio e o único Nebraska da república. Tudo parecia findo, quando o candidato Caneca requereu provar que a bola extraída não trazia o nome de Nebraska, mas o dele. O juiz de paz deferiu ao peticionário. Veio então um grande filólogo, — talvez o primeiro da república, além de bom metafísico, e não vulgar matemático, — o qual provou a cousa nestes termos:

— Em primeiro lugar — disse ele —, deveis notar que não é fortuita a ausência da última letra do nome Nebraska. Por que motivo foi ele inscrito incompletamente? Não se pode dizer que por fadiga ou amor da brevidade, pois só falta a última letra, um simples *a*. Carência de espaço? Também não; vede; há ainda espaço para duas ou três sílabas. Logo, a falta é intencional, e a intenção não pode ser outra senão chamar a atenção do leitor para a letra *k*, última escrita, desamparada, solteira, sem sentido. Ora, por um efeito mental, que nenhuma lei destruiu, a letra reproduz-se no cérebro de dois modos, a forma gráfica, e a forma sônica; *k* e *ca*. O defeito, pois, no nome escrito, chamando os olhos para a letra final, incrusta desde logo no cérebro esta primeira sílaba: *Ca*. Isto posto, o movimento natural do espírito é ler o nome todo; volta-se ao princípio, à inicial *ne*, do nome *Nebraska*, — *Cane*. — Resta a sílaba do meio, *bras*, cuja redução a esta outra sílaba *ca*, última do nome Caneca, é a cousa mais demonstrável do mundo. E, todavia, não a demonstrarei, visto faltar-vos o preparo necessário ao entendimento da significação espiritual ou filosófica da sílaba, suas origens e efeitos, fases, modificações, consequências lógicas e sintáxicas, dedutivas ou indutivas, simbólicas e outras. Mas, suposta a demonstração, aí fica a última prova, evidente, clara, da minha afirmação primeira pela anexação da sílaba *ca* às duas *Cane*, dando este nome Caneca.

A lei emendou-se, senhores, ficando abolida a faculdade da prova testemunhal e interpretativa dos textos, e introduzindo-

-se uma inovação, o corte simultâneo de meia polegada na altura e outra meia na largura do saco. Esta emenda não evitou um pequeno abuso na eleição dos alcaides, e o saco foi restituído às dimensões primitivas, dando-se-lhe, todavia, a forma triangular. Compreendeis que esta forma trazia consigo uma consequência: ficavam muitas bolas no fundo. Daí a mudança para a forma cilíndrica; mais tarde deu-se-lhe o aspecto de uma ampulheta, cujo inconveniente se reconheceu ser igual ao triângulo, e então adotou-se a forma de um crescente etc. Muitos abusos, descuidos e lacunas tendem a desaparecer, e o restante terá igual destino, não inteiramente, decerto pois a perfeição não é deste mundo, mas na medida e nos termos do conselho de um dos mais circunspectos cidadãos da minha república, Erasmus, cujo último discurso sinto não poder dar-vos integralmente. Encarregado de notificar a última resolução legislativa às dez damas, incumbidas de urdir o saco eleitoral, Erasmus contou-lhes a fábula de Penélope, que fazia e desfazia a famosa teia, à espera do esposo Ulisses.

— Vós sois a Penélope da nossa república — disse ele ao terminar —, tendes a mesma castidade, paciência e talentos. Refazei o saco, amigas minhas, refazei o saco, até que Ulisses, cansado de dar às pernas, venha tomar entre nós o lugar que lhe cabe. Ulisses é a Sapiência.

SENSUALIDADE

Talvez seja exagerado falar de erotismo na obra de Machado de Assis, mas é certo falar de sensualidade e sedução. Usando de todos os recursos de seu estilo inigualável, o autor consegue criar alguns dos momentos da mais bela prosa amorosa da nossa literatura.

"Um dos convivas, o Leandrinho, autor do brinde, dizia com os olhos, — não com a boca, — e dizia-o de um modo astucioso, que o melhor doce eram as faces de Eulália, um doce moreno, corado [...]"
Conto "D. Benedita"

"A dama vinha atrás dele, e mais depressa; ao passar rentezinha com ele, fitou-lhe muito os olhos, e foi andando devagar, como quem espera. O pobre-diabo imaginou que era engano de pessoa; confessou ao Andrade que, apesar da roupa simples, viu logo que não era cousa para os seus beiços. Foi andando; a mulher, parada, fitou-o outra vez, mas com tal instância, que ele chegou atrever-se um pouco; ela atreveu-se o resto..."

Conto "Singular ocorrência"

"Para completar a situação, esta Sofia não era só muito senhora de si, mas também dos outros; tinha olhos para todos os ingleses, a cavalo ou a pé. Honesta, mas namoradeira; o termo é cru, e não há tempo de compor outro mais brando. Namorava a torto e a direito, por uma necessidade natural, um costume de solteira. Era o troco miúdo do amor, que ela distribuía a todos os pobres que lhe batiam à porta: — um níquel a um, outro a outro; nunca uma nota de cinco mil-réis, menos ainda uma apólice."
Conto "Capítulo dos chapéus"

"Sofia, prática daqueles mares, transpunha, rasgava ou contornava as gentes com muita perícia e tranquilidade. A figura impunha; os que a conheciam gostavam de vê-la outra vez; os que não a conheciam paravam ou voltavam-se para admirar-lhe o garbo. E a boa senhora, cheia de caridade, derramava os olhos à direita e à esquerda, sem grande escândalo, porque Mariana servia a coonestar os movimentos."
Conto "Capítulo dos chapéus"

SENSUALIDADE

"Sofia sorriu, agitou o leque e recebeu em cheio o olhar de um dos secretários. Muitos eram os olhos que a fitavam quando ela ia à Câmara, mas os do tal secretário tinham uma expressão mais especial, cálida e súplice. Entende-se, pois, que ela não o recebeu de supetão; pode mesmo entender-se que o procurou curiosa."

Conto "Capítulo dos chapéus"

"Era uma senhora, que passara rentezinha com a igreja, vagarosa, cabisbaixa, apoiando-se no chapeuzinho de sol; ia pela rua da Misericórdia acima. Para explicar a minha comoção, é preciso dizer que era a segunda vez que a via. A primeira foi no Prado Fluminense, dous meses antes, com um homem que, pelos modos, era seu marido, mas tanto podia ser marido como pai. Estava então um pouco de espavento, vestida de escarlate, com grandes enfeites vistosos, e umas argolas demasiado grossas nas orelhas; mas os olhos e a boca resgatavam o resto. Namoramos às bandeiras despregadas. Se disser que saí dali apaixonado, não meto a minha alma no inferno, porque é a verdade pura. Saí tonto, mas saí também desapontado, perdi-a de vista na multidão. Nunca mais pude dar com ela, nem ninguém me soube dizer quem fosse."

Conto "Primas de Sapucaia!"

"Ela estava ainda bonita e fascinante; as maneiras eram finas e meigas, mas evidentemente de empréstimo, acompanhadas de umas atitudes e gestos, cujo intuito latente era atrair-me e arrastar-me."

Conto "Primas de Sapucaia!"

"Camilo quis sinceramente fugir, mas já não pôde. Rita, como uma serpente, foi-se acercando dele, envolveu-o todo, fez-lhe estalar os ossos num espasmo, e pingou-lhe o veneno na boca. Ele ficou atordoado e subjugado. Vexame, sustos, remorsos, desejos, tudo sentiu de mistura; mas a batalha foi curta e a vitória delirante. Adeus, escrúpulos! Não tardou que o sapata se acomodasse ao pé, e aí foram ambos, estrada fora, braços dados, pisando folgadamente por cima de ervas e pedregulhos, sem padecer nada mais que algumas saudades, quando estavam ausentes um do outro."

Conto "A cartomante"

"— Que é a saudade senão uma ironia do tempo e da fortuna? Veja lá; começo a ficar sentencioso. Trinta anos; mas em verdade, não os parecia. Lembra-se bem que era magra e alta; tinha os olhos, como eu então dizia, que pareciam cortados da capa da última noite, mas apesar de noturnos, sem mistérios nem abismos. A voz era brandíssima, um tanto apaulistada, a boca larga, e os dentes, quando ela simplesmente falava, davam-lhe à boca um ar de riso. Ria também, e foram os risos dela, de parceria com os olhos, que me doeram muito durante certo tempo."

Conto "A desejada das gentes"

"[...] Os braços merecem um período.
Eram belos, e na primeira noite que os levou nus a um baile, não creio que houvesse iguais na cidade, nem os seus, leitora, que eram então de menina, se eram nascidos, mas provavelmente estariam ainda no mármore, donde vieram, ou nas mãos do divino escultor. Eram os mais belos da noite, a ponto que me encheram de desvanecimento. Conversava mal com as outras pessoas, só para vê-los, por mais que eles se entrelaçassem aos das casacas alheias. Já não foi assim no segundo baile; nesse, quando vi que os homens não se fartavam de olhar para eles, de os buscar, quase de os pedir, e que roçavam por eles as mangas pretas, fiquei vexado e aborrecido. Ao terceiro não fui, e aqui tive o apoio do Escobar, a quem confiei candidamente os meus tédios; concordou logo comigo."

Dom Casmurro

SENSUALIDADE

"Nessa mesma noite, Venancinha contou-lhe tudo, depois da primeira palavra que ela lhe arrancou. Tinham-se visto nas corridas, uma vez, logo que ele chegou da Europa. Quinze dias depois, foi-lhe apresentado em um baile, e pareceu-lhe tão bem, com um ar tão parisiense, que ela falou dele, na manhã seguinte, ao marido. Conrado franziu o sobrolho, e foi este gesto que lhe deu uma ideia que até então não tinha. Começou a vê-lo com prazer; daí a pouco com certa ansiedade. Ele falava-lhe respeitosamente, dizia-lhe  cousas amigas, que ela era a mais bonita moça do Rio, e a mais elegante, que já em Paris ouvira elogiá-la muito, por algumas senhoras da família Alvarenga. Tinha graça em criticar os outros, e sabia dizer também umas palavras sentidas, como ninguém. Não falava de amor, mas perseguia-a com os olhos, e ela, por mais que afastasse os seus, não podia afastá-los de todo. Começou a pensar nele, amiudadamente, com interesse, e quando se encontravam, batia-lhe muito o coração; pode ser que ele lhe visse então, no rosto, a impressão que fazia."

Conto "D. Paula"

Leiamos agora uma cena das *Memórias póstumas de Brás Cubas*, em que o narrador se vê totalmente dominado pelas artimanhas sedutoras de Marcela, bela cortesã espanhola.

"[...] Assim foi que um dia, como eu lhe não pudesse dar certo colar, que ela vira num joalheiro, retorquiu-me que era um simples gracejo, que o nosso amor não precisava de tão vulgar estímulo.

— Não lhe perdoo, se você fizer de mim essa triste ideia, concluiu ameaçando-me com o dedo.

E logo, súbita como um passarinho, espalmou a mão, cingiu-me com elas o rosto, puxou-me a si e fez um trejeito gracioso, um momo de criança. Depois, reclinada na marquesa, continuou a falar daquilo, com simplicidade e franqueza. Jamais consentiria que lhe comprassem os afetos. Vendera muita vez as aparências, mas a realidade, guardava-a para poucos. Duarte, por exemplo, o alferes Duarte, que ela amara deveras, dois anos antes, só a custo conseguia dar-lhe alguma coisa de valor, como me acontecia a mim; ela só lhe aceitava sem relutância os mimos de escasso preço, como a cruz de ouro que lhe deu, uma vez, de festas.

— Esta cruz...

Dizia isto, metendo a mão no seio e tirando uma cruz fina, de ouro, presa a uma fita azul e pendurada ao colo.

— Mas essa cruz — observei eu —, não me disseste que era teu pai que...

Marcela abanou a cabeça com um ar de lástima:

— Não percebeste que era mentira, que eu dizia isso para te não molestar? Vem cá, *chiquito*, não sejas assim desconfiado comigo... Amei a outro; que importa, se acabou? Um dia, quando nos separarmos...

— Não digas isso! — bradei eu.

— Tudo cessa! Um dia...

Não pôde acabar; um soluço estrangulou-lhe a voz; estendeu as mãos, tomou das minhas, conchegou-me ao seio, e sussurrou-me baixo ao ouvido:

— Nunca, nunca, meu amor!

Eu agradeci-lhe com os olhos úmidos. No dia seguinte levei-lhe o colar que havia recusado.

— Para te lembrares de mim, quando nos separarmos, disse eu.

Marcela teve primeiro um silêncio indignado; depois fez um gesto magnífico: tentou atirar o colar à rua. Eu retive-lhe o braço; pedi-lhe muito que não me fizesse tal desfeita, que ficasse com a joia. Sorriu e ficou.

SENSUALIDADE

Entretanto, pagava-me à farta os sacrifícios; espreitava os meus mais recônditos pensamentos; não havia desejo a que não acudisse com alma, sem esforço, por uma espécie de lei da consciência e necessidade do coração. Nunca o desejo era razoável, mas um capricho puro, uma criancice, vê-la trajar de certo modo, com tais e tais enfeites, este vestido e não aquele, ir a passeio ou outra coisa assim, e ela cedia a tudo, risonha e palreira.

— Você é das Arábias, dizia-me.

E ia pôr o vestido, a renda, os brincos, com uma obediência de encantar."

Memórias póstumas de Brás Cubas

CONTO

Uns braços

Inácio estremeceu, ouvindo os gritos do solicitador, recebeu o prato que este lhe apresentava e tratou de comer, debaixo de uma trovoada de nomes, malandro, cabeça de vento, estúpido, maluco.

— Onde anda que nunca ouve o que lhe digo? Hei de contar tudo a seu pai, para que lhe sacuda a preguiça do corpo com uma boa vara de marmelo, ou um pau; sim, ainda pode apanhar, não pense que não. Estúpido! maluco!

— Olhe que lá fora é isto mesmo que você vê aqui — continuou, voltando-se para D. Severina, senhora que vivia com ele maritalmente, há anos. — Confunde-me os papéis todos, erra as casas, vai a um escrivão em vez de ir a outro, troca os advogados: é o diabo! É o tal sono pesado e contínuo. De manhã é o que se vê; primeiro que acorde é preciso quebrar-lhe os ossos... Deixe, amanhã hei de acordá-lo a pau de vassoura!

D. Severina tocou-lhe no pé, como pedindo que acabasse. Borges espeitorou ainda alguns impropérios, e ficou em paz com Deus e os homens.

Não digo que ficou em paz com os meninos, porque o nosso Inácio não era propriamente menino. Tinha quinze anos feitos e bem-feitos. Cabeça inculta, mas bela, olhos de rapaz que sonha, que adivinha, que indaga, que quer saber e não acaba de saber nada. Tudo isso posto sobre um corpo não destituído de graça, ainda que malvestido. O pai é barbeiro na Cidade Nova, e pô-lo de agente, escrevente, ou que quer que era, do solicitador Borges, com esperança de vê-lo no foro, porque lhe

SENSUALIDADE

parecia que os procuradores de causas ganhavam muito. Passava-se isto na rua da Lapa, em 1870.

Durante alguns minutos não se ouviu mais que o tinir dos talheres e o ruído da mastigação. Borges abarrotava-se de alface e vaca; interrompia-se para virgular a oração com um golpe de vinho e continuava logo calado.

Inácio ia comendo devagarinho, não ousando levantar os olhos do prato, nem para colocá-los onde eles estavam no momento em que o terrível Borges o descompôs. Verdade é que seria agora muito arriscado. Nunca ele pôs os olhos nos braços de D. Severina que se não esquecesse de si e de tudo.

Também a culpa era antes de D. Severina em trazê-los assim nus, constantemente. Usava mangas curtas em todos os vestidos de casa, meio palmo abaixo do ombro; dali em diante ficavam-lhe os braços à mostra. Na verdade, eram belos e cheios, em harmonia com a dona, que era antes grossa que fina, e não perdiam a cor nem a maciez por viverem ao ar; mas é justo explicar que ela os não trazia assim por faceira, senão porque já gastara todos os vestidos de mangas compridas. De pé, era muito vistosa; andando, tinha meneios engraçados; ele, entretanto, quase que só a via à mesa, onde, além dos braços, mal poderia mirar-lhe o busto. Não se pode dizer que era bonita; mas também não era feia. Nenhum adorno; o próprio penteado consta de mui pouco; alisou os cabelos, apanhou-os, atou-os e fixou-os no alto da cabeça com o pente de tartaruga que a mãe lhe deixou. Ao pescoço, um lenço escuro; nas orelhas, nada. Tudo isso com vinte e sete anos floridos e sólidos.

Acabaram de jantar. Borges, vindo o café, tirou quatro charutos da algibeira, comparou-os, apertou-os entre os dedos, escolheu um e guardou os restantes. Aceso o charuto, fincou os cotovelos na mesa e falou a D. Severina de trinta mil cousas que não interessavam nada ao nosso Inácio; mas enquanto falava, não o descompunha e ele podia devanear à larga.

Inácio demorou o café o mais que pôde. Entre um e outro gole, alisava a toalha, arrancava dos dedos pedacinhos de pele imaginários, ou passava os olhos pelos quadros da sala de jantar, que eram dous, um S. Pedro e um S. João, registros trazidos de festas e encaixilhados em casa. Vá que disfarçasse com S. João, cuja cabeça moça alegra as imaginações católicas; mas com o austero S. Pedro era demais. A única defesa do moço Inácio é que ele não via nem um nem outro; passava os olhos por ali como por nada. Via só os braços de D. Severina, — ou porque sorrateiramente olhasse para eles, ou porque andasse com eles impressos na memória.

— Homem, você não acaba mais? — bradou de repente o solicitador.

Não havia remédio; Inácio bebeu a última gota, já fria, e retirou-se, como de costume, para o seu quarto, nos fundos da casa. Entrando, fez um gesto de zanga e desespero e foi depois encostar-se a uma das duas janelas que davam para o mar. Cinco minutos depois, a vista das águas próximas e das montanhas ao longe restituía-lhe o sentimento confuso, vago, inquieto, que lhe doía e fazia bem, alguma cousa que deve sentir a planta, quando abotoa a primeira flor. Tinha vontade de ir embora e de ficar. Havia cinco semanas que ali morava, e a vida era sempre a mesma, sair de manhã com o Borges, andar por audiências e cartórios, correndo, levando papéis ao selo, ao distribuidor, aos escrivães, aos oficiais de justiça. Voltava à tarde, jantava e recolhia-se ao quarto, até a hora da ceia; ceava e ia dormir. Borges não lhe dava intimidade na família, que se compunha apenas de D. Severina, nem Inácio a via mais de três vezes por dia durante as refeições. Cinco semanas de solidão, de trabalho sem gosto, longe da mãe e das irmãs; cinco semanas de silêncio, porque ele só falava uma ou outra vez na rua; em casa, nada.

— Deixe estar — pensou ele um dia —, fujo daqui e não volto mais.

Não foi; sentiu-se agarrado e acorrentado pelos braços de D. Severina. Nunca vira outros tão bonitos e tão frescos. A educação que tivera não lhe permitia encará-los logo abertamente, parece até que a princípio afastava os olhos, vexado. Encarou-os pouco a pouco, ao ver que eles não tinham outras mangas, e assim os foi descobrindo, mirando e amando. No fim de três

SENSUALIDADE

semanas eram eles, moralmente falando, as suas tendas de repouso. Aguentava toda a trabalheira de fora, toda a melancolia da solidão e do silêncio, toda a grosseria do patrão, pela única paga de ver, três vezes por dia, o famoso par de braços.

Naquele dia, enquanto a noite ia caindo e Inácio estirava-se na rede (não tinha ali outra cama), D. Severina, na sala da frente, recapitulava o episódio do jantar e, pela primeira vez, desconfiou alguma cousa. Rejeitou a ideia logo, uma criança! Mas há ideias que são da família das moscas teimosas: por mais que a gente as sacuda, elas tornam e pousam. Criança? Tinha quinze anos; e ela advertiu que entre o nariz e a boca do rapaz havia um princípio de rascunho de buço. Que admira que começasse a amar? E não era ela bonita? Esta outra ideia não foi rejeitada, antes afagada e beijada. E recordou então os modos dele, os esquecimentos, as distrações, e mais um incidente, e mais outro, tudo eram sintomas, e concluiu que sim.

— Que é que você tem? — disse-lhe o solicitador, estirado no canapé, ao cabo de alguns minutos de pausa.

— Não tenho nada.

— Nada? Parece que cá em casa anda tudo dormindo! Deixem estar, que eu sei de um bom remédio para tirar o sono aos dorminhocos...

E foi por ali, no mesmo tom zangado, fuzilando ameaças, mas realmente incapaz de as cumprir, pois era antes grosseiro que mau. D. Severina interrompia-o que não, que era engano, não estava dormindo, estava pensando na comadre Fortunata. Não a visitavam desde o Natal; por que não iriam lá uma daquelas noites? Borges redarguia que andava cansado, trabalhava como um negro, não estava para visitas de parola; e descompôs a comadre, descompôs o compadre, descompôs o afilhado, que não ia ao colégio, com dez anos! Ele, Borges, com dez anos, já sabia ler, escrever e contar, não muito bem, é certo, mas sabia. Dez anos! Havia de ter um bonito fim: — vadio, e o côvado e meio nas costas. A tarimba é que viria ensiná-lo.

D. Severina apaziguava-o com desculpas, a pobreza da comadre, o caiporismo do compadre, e fazia-lhe carinhos, a medo, que eles podiam irritá-lo mais. A noite caíra de todo; ela ouviu o *tlic* do lampião do gás da rua, que acabavam de acender, e viu o clarão dele nas janelas da casa fronteira. Borges, cansado do dia, pois era realmente um trabalhador de primeira ordem, foi fechando os olhos e pegando no sono, e deixou-a só na sala, às escuras, consigo e com a descoberta que acaba de fazer.

Tudo parecia dizer à dama que era verdade; mas essa verdade, desfeita a impressão do assombro, trouxe-lhe uma complicação moral, que ela só conheceu pelos efeitos, não achando meio de discernir o que era. Não podia entender-se nem equilibrar-se, chegou a pensar em dizer tudo ao solicitador, e ele que mandasse embora o fedelho. Mas que era tudo? Aqui estacou: realmente, não havia mais que suposição, coincidência e possivelmente ilusão. Não, não, ilusão não era. E logo recolhia os indícios vagos, as atitudes do mocinho, o acanhamento, as distrações, para rejeitar a ideia de estar enganada. Daí a pouco (capciosa natureza!) refletindo que seria mau acusá-lo sem fundamento, admitiu que se iludisse, para o único fim de observá-lo melhor e averiguar bem a realidade das cousas.

Já nessa noite, D. Severina mirava por baixo dos olhos os gestos de Inácio; não chegou a achar nada, porque o tempo do chá era curto e o rapazinho não tirou os olhos da xícara. No dia seguinte pôde observar melhor, e nos outros otimamente. Percebeu que sim, que era amada e temida, amor adolescente e virgem, retido pelos liames sociais e por um sentimento de inferioridade que o impedia de reconhecer-se a si mesmo. D. Severina compreendeu que não havia recear nenhum desacato, e concluiu que o melhor era não dizer nada ao solicitador; poupava-lhe um desgosto, e outro à pobre criança. Já se persuadia bem que ele era criança, e assentou de o tratar tão secamente como até ali, ou ainda mais. E assim fez; Inácio começou a sentir que ela fugia com os olhos, ou falava áspero, quase tanto como o próprio Borges. De outras vezes, é verdade que o tom da voz saía brando e até meigo, muito meigo; assim como o olhar, geralmente esquivo, tanto errava por outras partes, que, para descansar, vinha pousar na cabeça dele; mas tudo isso era curto.

SENSUALIDADE

— Vou-me embora — repetia ele na rua como nos primeiros dias.

Chegava a casa e não se ia embora. Os braços de D. Severina fechavam-lhe um parêntesis no meio do longo e fastidioso período da vida que levava, e essa oração intercalada trazia uma ideia original e profunda, inventada pelo céu unicamente para ele. Deixava-se estar e ia andando. Afinal, porém, teve de sair, e para nunca mais; eis aqui como e por quê.

D. Severina tratava-o desde alguns dias com benignidade. A rudeza da voz parecia acabada, e havia mais do que brandura, havia desvelo e carinho. Um dia recomendava-lhe que não apanhasse ar, outro que não bebesse água fria depois do café quente, conselhos, lembranças, cuidados de amiga e mãe, que lhe lançaram na alma ainda maior inquietação e confusão. Inácio chegou ao extremo de confiança de rir um dia à mesa, cousa que jamais fizera; e o solicitador não o tratou mal dessa vez, porque era ele que contava um caso engraçado, e ninguém pune a outro pelo aplauso que recebe. Foi então que D. Severina viu que a boca do mocinho, graciosa estando calada, não o era menos quando ria.

A agitação de Inácio ia crescendo, sem que ele pudesse acalmar-se nem entender-se. Não estava bem em parte nenhuma. Acordava de noite, pensando em D. Severina. Na rua, trocava de esquinas, errava as portas, muito mais que dantes, e não via mulher, ao longe ou ao perto, que lha não trouxesse à memória. Ao entrar no corredor da casa, voltando do trabalho, sentia sempre algum alvoroço, às vezes grande, quando dava com ela no topo da escada, olhando através das grades de pau da cancela, como tendo acudido a ver quem era.

Um domingo — nunca ele esqueceu esse domingo — estava só no quarto, à janela, virado para o mar, que lhe falava a mesma linguagem obscura e nova de D. Severina. Divertia-se em olhar para as gaivotas, que faziam grandes giros no ar, ou pairavam em cima d'água, ou avoaçavam somente. O dia estava lindíssimo. Não era só um domingo cristão; era um imenso domingo universal.

Inácio passava-os todos ali no quarto ou à janela, ou relendo um dos três folhetos que trouxera consigo, contos de outros tempos, comprados a tostão, debaixo do passadiço do largo do Paço. Eram duas horas da tarde. Estava cansado, dormira mal a noite, depois de haver andado muito na véspera; estirou-se na rede, pegou em um dos folhetos, a *Princesa Magalona*, e começou a ler. Nunca pôde entender por que é que todas as heroínas dessas velhas histórias tinham a mesma cara e talhe de D. Severina, mas a verdade é que os tinham. Ao cabo de meia hora, deixou cair o folheto e pôs os olhos na parede, donde, cinco minutos depois, viu sair a dama dos seus cuidados. O natural era que se espantasse; mas não se espantou. Embora com as pálpebras cerradas, viu-a desprender-se de todo, parar, sorrir e andar para a rede. Era ela mesma; eram os seus mesmos braços.

É certo, porém, que D. Severina, tanto não podia sair da parede, dado que houvesse ali porta ou rasgão, que estava justamente na sala da frente ouvindo os passos do solicitador que descia as escadas. Ouviu-o descer; foi à janela vê-lo sair e só se recolheu quando ele se perdeu ao longe, no caminho da rua das Mangueiras. Então entrou e foi sentar-se no canapé. Parecia fora do natural, inquieta, quase maluca; levantando-se foi pegar na jarra que estava em cima do aparador e deixou-a no mesmo lugar; depois caminhou até à porta, deteve-se e voltou, ao que parece, sem plano. Sentou-se outra vez, cinco ou dez minutos. De repente, lembrou-se que Inácio comera pouco ao almoço e tinha o ar abatido, e advertiu que podia estar doente; podia ser até que estivesse muito mal.

Saiu da sala, atravessou rasgadamente o corredor e foi até o quarto do mocinho, cuja porta achou escancarada. D. Severina parou, espiou, deu com ele na rede, dormindo, com o braço para fora e o folheto caído no chão. A cabeça inclinava-se um pouco do lado da porta, deixando ver os olhos fechados, os cabelos revoltos e um grande ar de riso e de beatitude.

D. Severina sentiu bater-lhe o coração com veemência e recuou. Sonhara de noite com ele; pode ser que ele estivesse so-

SENSUALIDADE

nhando com ela. Desde madrugada que a figura do mocinho andava-lhe diante dos olhos como uma tentação diabólica. Recuou ainda, depois voltou, olhou dous, três, cinco minutos, ou mais. Parece que o sono dava à adolescência de Inácio uma expressão mais acentuada, quase feminina, quase pueril. "Uma criança!", disse ela a si mesma, naquela língua sem palavras que todos trazemos conosco. E esta ideia abateu-lhe o alvoroço do sangue e dissipou-lhe em parte a turvação dos sentidos.

— "Uma criança!"

E mirou-o lentamente, fartou-se de vê-lo, com a cabeça inclinada, o braço caído; mas, ao mesmo tempo que o achava criança, achava-o bonito, muito mais bonito que acordado, e uma dessas ideias corrigia ou corrompia a outra. De repente estremeceu e recuou assustada: ouvira um ruído ao pé, na saleta do engomado; foi ver, era um gato que deitara uma tigela ao chão. Voltando devagarinho a espiá-lo, viu que dormia profundamente. Tinha o sono duro a criança! O rumor que a abalara tanto, não o fez sequer mudar de posição. E ela continuou a vê-lo dormir, — dormir e talvez sonhar.

Que não possamos ver os sonhos uns dos outros! D. Severina ter-se-ia visto a si mesma na imaginação do rapaz; ter-se-ia visto diante da rede, risonha e parada; depois inclinar-se, pegar-lhe nas mãos, levá-las ao peito, cruzando ali os braços, os famosos braços. Inácio, namorado deles, ainda assim ouvia as palavras dela, que eram lindas, cálidas, principalmente novas, — ou, pelo menos, pertenciam a algum idioma que ele não conhecia, posto que o entendesse. Duas, três e quatro vezes a figura esvaía-se, para tornar logo, vindo do mar ou de outra parte, entre gaivotas, ou atravessando o corredor, com toda a graça robusta de que era capaz. E tornando, inclinava-se, pegava-lhe outra vez das mãos e cruzava ao peito os braços, até que, inclinando-se, ainda mais, muito mais, abrochou os lábios e deixou-lhe um beijo na boca.

Aqui o sonho coincidiu com a realidade, e as mesmas bocas uniram-se na imaginação e fora dela. A diferença é que a visão não recuou, e a pessoa real tão depressa cumprira o gesto, como fugiu até à porta, vexada e medrosa. Dali passou à sala da frente, aturdida do que fizera, sem olhar fixamente para nada. Afiava o ouvido, ia até o fim do corredor, a ver se escutava algum rumor que lhe dissesse que ele acordara: e só depois de muito tempo é que o medo foi passando. Na verdade, a criança tinha o sono duro: nada lhe abria os olhos, nem os fracassos contíguos, nem os beijos de verdade. Mas, se o medo foi passando, o vexame ficou e cresceu. D. Severina não acabava de crer que fizesse aquilo; parece que embrulhara os seus desejos na ideia de que era uma criança namorada que ali estava sem consciência nem imputação; e, meio mãe, meio amiga, inclinara-se e beijara-o. Fosse como fosse, estava confusa, irritada, aborrecida, mal consigo e mal com ele. O medo de que ele podia estar fingindo que dormia apontou-lhe na alma e deu-lhe um calafrio.

Mas a verdade é que dormiu ainda muito, e só acordou para jantar. Sentou-se à mesa lépido. Conquanto achasse D. Severina calada e severa e o solicitador tão ríspido como nos outros dias, nem a rispidez de um, nem a severidade da outra podiam dissipar-lhe a visão graciosa que ainda trazia consigo, ou amortecer-lhe a sensação do beijo. Não reparou que D. Severina tinha um xale que lhe cobria os braços; reparou depois, na segunda-feira, e na terça-feira, também, e até sábado, que foi o dia em que Borges mandou dizer ao pai que não podia ficar com ele; e não o fez zangado, porque o tratou relativamente bem e ainda lhe disse à saída:

— Quando precisar de mim para alguma cosa, procure-me.
— Sim, senhor. A Sra. D. Severina...
— Está lá para o quarto, com muita dor de cabeça. Venha amanhã ou depois despedir-se dela.

Inácio saiu sem entender nada. Não entendia a despedida, nem a completa mudança de D. Severina, em relação a ele, nem o xale, nem nada. Estava tão bem! falava-lhe com tanta amizade! Como é que, de repente... Tanto pensou que acabou supondo de sua parte algum olhar indiscreto, alguma distração que a ofendera; não era outra cousa; e daqui a cara fechada e o xale

SENSUALIDADE

que cobria os braços tão bonitos... Não importa; levava consigo o sabor do sonho. E através dos anos, por meio de outros amores, mais efetivos e longos, nenhuma sensação achou nunca igual à daquele domingo, na rua da Lapa, quando ele tinha quinze anos. Ele mesmo exclama às vezes, sem saber que se engana.

— E foi um sonho! um simples sonho!

SER & PARECER

Destaca-se na obra de Machado de Assis o conflito entre essência e aparência, isto é, entre aquilo que o indivíduo realmente é no seu íntimo e aquilo que a sociedade, com suas regras e convenções, o obriga a aparentar ser. É o grande drama da dissimulação, da hipocrisia, do disfarce. Neste campo, a opinião alheia é considerada de grande importância. Quando este conflito se torna insuportável, o resultado quase sempre é a loucura.

"A vida é cheia de obrigações que a gente cumpre, por mais vontade que tenha de as infringir deslavadamente."
Dom Casmurro

"A opinião é um velho óleo incorruptível."
Esaú e Jacó

"[...] não se pode honestamente atribuir à índole original de um homem o que é puro efeito de relações sociais."
Memórias póstumas de Brás Cubas

"Teme a obscuridade, Brás; foge do que é ínfimo. Olha que os homens valem por diferentes modos, e que o mais seguro de todos é valer pela opinião dos outros homens. Não estragues as vantagens da tua posição, os teus meios..."
Memórias póstumas de Brás Cubas

"Vulgar coisa é ir considerar no ermo. O voluptuoso, o esquisito, é insular-se o homem no meio de um mar de gestos e palavras, de nervos e paixões, decretar-se alheado, inacessível, ausente. O mais que podem dizer, quando ele torna a si, — isto é, quando torna aos outros, — é que baixa ao mundo da lua; mas o mundo da lua, esse desvão luminoso e recatado do cérebro, que outra coisa é senão a afirmação desdenhosa da nossa liberdade espiritual?"
Memórias póstumas de Brás Cubas

"Se puserdes as mais sublimes virtudes e os mais profundos conhecimentos em um sujeito solitário, remoto de todo contato com outros homens, é como se eles não existissem. Os frutos de uma laranjeira, se ninguém os gostar, valem tanto como as urzes e plantas bravias, e, se ninguém os vir, não valem nada; ou, por outras palavras mais enérgicas, não há espetáculo sem espectador."
Conto "O segredo do bonzo"

SER & PARECER

"[...] se uma cousa pode existir na opinião, sem existir na realidade, e existir na realidade, sem existir na opinião, a conclusão é que das duas existências paralelas a única necessária é a da opinião, não a da realidade, que é apenas conveniente."

Conto "O segredo do bonzo"

"Amável Formalidade, tu és, sim, o bordão da vida, o bálsamo dos corações, a medianeira entre os homens, o vínculo da terra e do céu; tu enxugas as lágrimas de um pai, tu captas a indulgência de um Profeta. Se a dor adormece, e a consciência se acomoda, a quem, senão a ti, devem esse imenso benefício?"

Memórias póstumas de Brás Cubas

"Talvez espante ao leitor a franqueza com que lhe exponho e realço a minha mediocridade; advirta que a franqueza é a primeira virtude de um defunto. Na vida, o olhar da opinião, o contraste dos interesses, a luta das cobiças obrigam a gente a calar os trapos velhos, a disfarçar os rasgões e os remendos, a não estender ao mundo as revelações que faz à consciência; e o melhor da obrigação é quando, à força de embaçar os outros, embaça-se um homem a si mesmo, porque em tal caso poupa-se o vexame, que é uma sensação penosa, e a hipocrisia, que é um vício hediondo. Mas, na morte, que diferença! que desabafo! que liberdade! Como a gente pode sacudir fora a capa, deitar ao fosso as lentejoulas, despregar-se, despintar-se, desafeitar-se, confessar lisamente o que foi e o que deixou de ser! Porque, em suma, já não há vizinhos, nem amigos, nem inimigos, nem conhecidos, nem estranhos; não há plateia. O olhar da opinião, esse olhar agudo e judicial, perde a virtude, logo que pisamos o território da morte; não digo que ele se não estenda para cá, e nos não examine e julgue; mas a nós é que não se nos dá do exame nem do julgamento. Senhores vivos, não há nada tão incomensurável como o desdém dos finados."

Memórias póstumas de Brás Cubas

No seguinte trecho das *Memórias póstumas de Brás Cubas* é tecida uma teoria sobre o valor da mentira nas relações sociais.

"[...] Digo apenas que o homem mais probo que conheci em minha vida foi um certo Jacó Medeiros ou Jacó Valadares, não me recorda bem o nome. Talvez fosse Jacó Rodrigues; em suma, Jacó. Era a probidade em pessoa; podia ser rico, violentando um pequenino escrúpulo, e não quis; deixou ir pelas mãos fora nada menos de uns quatrocentos contos; tinha a probidade tão exemplar, que chegava a ser miúda e cansativa. Um dia, como nos achássemos a sós, em casa dele, em boa palestra, vieram dizer que o procurava o Doutor B., um sujeito enfadonho. Jacó mandou dizer que não estava em casa.
— Não pega, bradou uma voz do corredor; cá estou de dentro.
E, com efeito, era o Doutor B., que apareceu logo à porta da sala. Jacó foi recebê-lo, afirmando que cuidava ser outra pessoa, e não ele, e acrescentando que tinha muito prazer com a visita, o que nos rendeu hora e meia de enfado mortal, e isto mesmo, porque Jacó tirou o relógio; o Doutor B. perguntou-lhe então se ia sair.
— Com minha mulher, disse Jacó.
Retirou-se o Doutor B. e respiramos. Uma vez respirados, disse eu ao Jacó que ele acabava de mentir quatro vezes, em menos de duas horas: a primeira, negando-se; a segunda, alegrando-se com a presença do importuno; a terceira, dizendo que ia sair; a quarta, acrescentando que com a mulher. Jacó refletiu um instante, depois confessou a justeza da minha observação, mas desculpou-se dizendo que a veracidade absoluta era incompatível com um estado social adiantado e que a paz das cidades só se podia obter à custa de embaçadelas recíprocas... Ah! lembra-me agora; chamava-se Jacó Tavares."

Memórias póstumas de Brás Cubas

CONTO

O espelho
Esboço de uma nova teoria da alma humana

Quatro ou cinco cavalheiros debatiam, uma noite, várias questões de alta transcendência, sem que a disparidade dos votos trouxesse a menor alteração aos espíritos. A casa ficava no morro de Santa Teresa, a sala era pequena, alumiada a velas, cuja luz fundia-se misteriosamente com o luar que vinha de fora. Entre a cidade, com as suas agitações e aventuras, e o céu, em que as estrelas pestanejavam, através de uma atmosfera límpida e sossegada, estavam os nossos quatro ou cinco investigadores de cousas metafísicas, resolvendo amigavelmente os mais árduos problemas do universo.

Por que quatro ou cinco? Rigorosamente eram quatro os que falavam; mas, além deles, havia na sala um quinto personagem, calado, pensando, cochilando, cuja espórtula no debate não passava de um ou outro resmungo de aprovação. Esse homem tinha a mesma idade dos companheiros, entre quarenta e cinquenta anos, era provinciano, capitalista, inteligente, não sem instrução, e, ao que parece, astuto e cáustico. Não discutia nunca; e defendia-se da abstenção com um paradoxo, dizendo que a discussão é a forma polida do instinto batalhador, que jaz no homem, como uma herança bestial; e acrescentava que os serafins e os querubins não controvertiam nada, e, aliás, eram a perfeição espiritual e eterna. Como desse esta mesma resposta

naquela noite, contestou-lha um dos presentes, e desafiou-o a demonstrar o que dizia, se era capaz. Jacobina (assim se chamava ele) refletiu um instante, e respondeu:
— Pensando bem, talvez o senhor tenha razão.
Vai senão quando, no meio da noite, sucedeu que este casmurro usou da palavra, e não dous ou três minutos, mas trinta ou quarenta. A conversa, em seus meandros, veio a cair na natureza da alma, ponto que dividiu radicalmente os quatro amigos. Cada cabeça, cada sentença; não só o acordo, mas a mesma discussão, tornou-se difícil, senão impossível, pela multiplicidade de questões que se deduziram do tronco principal, e um pouco, talvez, pela inconsistência dos pareceres. Um dos argumentadores pediu ao Jacobina alguma opinião, — uma conjetura, ao menos.
— Nem conjetura, nem opinião, redarguiu ele; uma ou outra pode dar lugar a dissentimento, e, como sabem, eu não discuto. Mas, se querem ouvir-me calados, posso contar-lhes um caso de minha vida, em que ressalta a mais clara demonstração acerca da matéria de que se trata. Em primeiro lugar, não há uma só alma, há duas...
— Duas?
— Nada menos de duas almas. Cada criatura humana traz duas almas consigo: uma que olha de dentro para fora, outra que olha de fora para dentro... Espantem-se à vontade; podem ficar de boca aberta, dar de ombros, tudo; não admito réplica. Se me replicarem, acabo o charuto e vou dormir. A alma exterior pode ser um espírito, um fluido, um homem, muitos homens, um objeto, uma operação. Há casos, por exemplo, em que um simples botão de camisa é a alma exterior de uma pessoa; — e assim também a polca, o voltarete, um livro, uma máquina, um par de botas, uma cavatina, um tambor etc. Está claro que o ofício dessa segunda alma é transmitir a vida, como a primeira; as duas completam o homem, que é, metafisicamente falando, uma laranja. Quem perde uma das metades, perde naturalmente metade da existência; e casos há, não raros, em que a perda da alma exterior implica a da existência inteira.

Shylock*, por exemplo. A alma exterior daquele judeu eram os seus ducados; perdê-los equivalia a morrer. "Nunca mais verei o meu ouro", diz ele a Tubal; *é um punhal que me enterras no coração*". Vejam bem esta frase; a perda dos ducados, alma exterior, era a morte para ele. Agora, é preciso saber que a alma exterior não é sempre a mesma...
— Não?
— Não, senhor; muda de natureza e de estado. Não aludo a certas almas absorventes, como a pátria, com a qual disse o Camões que morria, e o poder, que foi a alma exterior de César e de Cromwell. São almas enérgicas e exclusivas; mas há outras, embora enérgicas, de natureza mudável. Há cavalheiros, por exemplo, cuja alma exterior, nos primeiros anos, foi um chocalho ou um cavalinho de pau, e mais tarde uma provedoria de irmandade, suponhamos. Pela minha parte, conheço uma senhora, — na verdade, gentilíssima, — que muda de alma exterior cinco, seis vezes por ano. Durante a estação lírica é a ópera; cessando a estação, a alma exterior substitui-se por outra: um concerto, um baile do Cassino, a rua do Ouvidor, Petrópolis...
— Perdão; essa senhora quem é?
— Essa senhora é parenta do diabo, e tem o mesmo nome: chama-se Legião... E assim outros muitos casos. Eu mesmo tenho experimentado dessas trocas. Não as relato, porque iria longe; restrinjo-me ao episódio de que lhes falei. Um episódio dos meus vinte e cinco anos...

Os quatro companheiros, ansiosos de ouvir o caso prometido, esqueceram a controvérsia. Santa curiosidade! tu não és só a alma da civilização, és também o pomo da concórdia, fruta divina, de outro sabor que não aquele pomo da mitologia**. A sala, até há pouco ruidosa de física e metafísica, é agora um mar morto; todos os olhos estão no Jacobina, que concerta a

---
* Shylock: agiota cruel e vingativo, personagem da peça *O mercador de Veneza*, de Shakespeare.
** Refere-se ao "pomo da discórdia" da mitologia grega. Quatro deusas pediram ao jovem Páris que decidisse qual delas era a mais bela, entregando à escolhida um pomo (maçã) de ouro. Ele preferiu Vênus, e assim teve início a Guerra de Troia.

ponta do charuto, recolhendo as memórias. Eis aqui como ele começou a narração:
— Tinha vinte e cinco anos, era pobre, e acabava de ser nomeado alferes da guarda nacional. Não imaginam o acontecimento que isto foi em nossa casa. Minha mãe ficou tão orgulhosa! tão contente! Chamava-me o seu alferes. Primos e tios, foi tudo uma alegria sincera e pura. Na vida, note-se bem, houve alguns despeitados; choro e ranger de dentes como na Escritura; e o motivo não foi outro senão que o posto tinha muitos candidatos e que estes perderam. Suponho também que uma parte do desgosto foi inteiramente gratuita: nasceu da simples distinção. Lembra-me de alguns rapazes, que se davam comigo, e passaram a olhar-me de revés, durante algum tempo. Em compensação, tive muitas pessoas que ficaram satisfeitas com a nomeação; e a prova é que todo o fardamento me foi dado por amigos... Vai então uma das minhas tias, d. Marcolina, viúva do capitão Peçanha, que morava a muitas léguas da vila, um sítio escuro e solitário, desejou ver-me, e pediu que fosse ter com ela e levasse a farda. Fui, acompanhado de um pajem, que daí a dias tornou à vila, porque a tia Marcolina, apenas me pilhou no sítio, escreveu a minha mãe dizendo que não me soltava antes de um mês, pelo menos. E abraçava-me! Chamava-me também o seu alferes. Achava-me um rapagão bonito. Como era um tanto patusca, chegou a confessar que tinha inveja da moça que houvesse de ser minha mulher. Jurava que em toda a província não havia outro que me pusesse o pé adiante. E sempre alferes; era alferes para cá, alferes para lá, alferes a toda a hora. Eu pedia-lhe que me chamasse Joãozinho, como dantes; e ela abanava a cabeça, bradando que não, que era o "senhor alferes". Um cunhado dela, irmão do finado Peçanha, que ali morava, não me chamava de outra maneira. Era o "senhor alferes", não por gracejo, mas a sério, e à vista dos escravos, que naturalmente foram pelo mesmo caminho. Na mesa tinha eu o melhor lugar, e era o primeiro servido. Não imaginam. Se lhes disser que o entusiasmo da tia Marcolina chegou ao ponto de mandar pôr no meu quarto um grande es-

SER & PARECER

pelho, obra rica e magnífica, que destoava do resto da casa, cuja mobília era modesta e simples... Era um espelho que lhe dera a madrinha, e que esta herdara da mãe, que o comprara a uma das fidalgas vindas em 1808 com a corte de d. João VI. Não sei o que havia nisso de verdade; era a tradição. O espelho estava naturalmente muito velho; mas via-se-lhe ainda o ouro, comido em parte pelo tempo, uns delfins esculpidos nos ângulos superiores da moldura, uns enfeites de madrepérola e outros caprichos do artista. Tudo velho, mas bom...
— Espelho grande?
— Grande. E foi, como digo, uma enorme fineza, porque o espelho estava na sala; era a melhor peça da casa. Mas não houve forças que a demovessem do propósito; respondia que não fazia falta, que era só por algumas semanas, e finalmente que o "senhor alferes" merecia muito mais. O certo é que todas essas cousas, carinhos, atenções, obséquios, fizeram em mim uma transformação, que o natural sentimento da mocidade ajudou e completou. Imaginam, creio eu?
— Não.
— O alferes eliminou o homem. Durante alguns dias as duas naturezas equilibraram-se; mas não tardou que a primitiva cedesse à outra; ficou-me uma parte mínima de humanidade. Aconteceu então que a alma exterior, que era dantes o sol, o ar, o campo, os olhos das moças, mudou de natureza, e passou a ser a cortesia e os rapapés da casa, tudo o que me falava do posto, nada do que me falava do homem. A única parte do cidadão que ficou comigo foi aquela que entendia com o exercício da patente; a outra dispersou-se no ar e no passado. Custa-lhes acreditar, não?
— Custa-me até entender — respondeu um dos ouvintes.
— Vai entender. Os fatos explicarão melhor os sentimentos; os fatos são tudo. A melhor definição do amor não vale um beijo de moça namorada; e, se bem me lembro, um filósofo antigo demonstrou o movimento andando. Vamos aos fatos. Vamos ver como, ao tempo em que a consciência do homem se obliterava, a do alferes tornava-se viva e intensa. As dores humanas, as alegrias humanas se eram só isso, mal obtinham de mim

uma compaixão apática ou um sorriso de favor. No fim de três semanas, era outro, totalmente outro. Era exclusivamente alferes. Ora, um dia recebeu a tia Marcolina uma notícia grave; uma de suas filhas, casada com um lavrador residente dali a cinco léguas, estava mal e à morte. Adeus, sobrinho! adeus, alferes! Era mãe extremosa, armou logo uma viagem, pediu ao cunhado que fosse com ela, e a mim que tomasse conta do sítio. Creio que, se não fosse a aflição, disporia o contrário; deixaria o cunhado, e iria comigo. Mas o certo é que fiquei só, com os poucos escravos da casa. Confesso-lhes que desde logo senti uma grande opressão, alguma cousa semelhante ao efeito de quatro paredes de um cárcere, subitamente levantadas em torno de mim. Era a alma exterior que se reduzia; estava agora limitada a alguns espíritos boçais. O alferes continuava a dominar em mim, embora a vida fosse menos intensa, e a consciência mais débil. Os escravos punham uma nota de humildade nas suas cortesias, que de certa maneira compensava a afeição dos parentes e a intimidade doméstica interrompida. Notei mesmo, naquela noite, que eles redobravam de respeito, de alegria, de protestos. Nhô alferes de minuto a minuto. Nhô alferes é muito bonito; nhô alferes há de ser coronel; nhô alferes há de casar com moça bonita, filha de general; um concerto de louvores e profecias, que me deixou extático. Ah! pérfidos! mal podia eu suspeitar a intenção secreta dos malvados.

— Matá-lo?
— Antes assim fosse.
— Cousa pior?
— Ouçam-me. Na manhã seguinte achei-me só. Os velhacos, seduzidos por outros, ou de movimento próprio, tinham resolvido fugir durante a noite; e assim fizeram. Achei-me só, sem mais ninguém, entre quatro paredes, diante do terreiro deserto e da roça abandonada. Nenhum fôlego humano. Corri a casa toda, a senzala, tudo, nada, ninguém, um molequinho que fosse. Galos e galinhas tão somente, um par de mulas, que filosofavam a vida, sacudindo as moscas, e três bois. Os mesmos cães foram levados pelos escravos. Nenhum ente humano. Pa-

rece-lhes que isto era melhor do que ter morrido? era pior. Não por medo; juro-lhes que não tinha medo; era um pouco atrevidinho, tanto que não senti nada, durante as primeiras horas. Fiquei triste por causa do dano causado à tia Marcolina; fiquei também um pouco perplexo, não sabendo se devia ir ter com ela, para lhe dar a triste notícia, ou ficar tomando conta da casa. Adotei o segundo alvitre, para não desamparar a casa, e porque, se a minha prima enferma estava mal, eu ia somente aumentar a dor da mãe, sem remédio nenhum; finalmente, esperei que o irmão do tio Peçanha voltasse naquele dia ou no outro, visto que tinha saído havia já trinta e seis horas. Mas a manhã passou sem vestígio dele; e à tarde comecei a sentir uma sensação como de pessoa que houvesse perdido toda a ação nervosa, e não tivesse consciência da ação muscular. O irmão do tio Peçanha não voltou nesse dia, nem no outro, nem em toda aquela semana. Minha solidão tomou proporções enormes. Nunca os dias foram mais compridos, nunca o sol abrasou a terra com uma obstinação mais cansativa. As horas batiam de século a século, no velho relógio da sala, cuja pêndula, *tic-tac, tic-tac*, feria-me a alma interior, como um piparote contínuo da eternidade. Quando, muitos anos depois, li uma poesia americana, creio que de Longfellow, e topei com este famoso estribilho: *Never, for ever! — For ever, never!** Confesso-lhes que tive um calafrio: recordei-me daqueles dias medonhos. Era justamente assim que fazia o relógio da tia Marcolina: — *Never, for ever! — For ever! never!* Não eram golpes de pêndula, era um diálogo do abismo, um cochicho do nada. E então de noite! Não que a noite fosse mais silenciosa. O silêncio era o mesmo que de dia. Mas a noite era a sombra, era a solidão ainda mais estreita ou mais larga. *Tic-tac, tic-tac*. Ninguém nas salas, na varanda, nos corredores, no terreiro, ninguém em parte nenhuma... Riem-se?

— Sim, parece que tinha um pouco de medo.

---
* "Nunca, para sempre! Para sempre, nunca!"

— Oh! fora bom se eu pudesse ter medo! Viveria. Mas o característico daquela situação é que eu nem sequer podia ter medo, isto é, o medo vulgarmente entendido. Tinha uma sensação inexplicável. Era como um defunto andando, um sonâmbulo, um boneco mecânico. Dormindo, era outra cousa. O sono dava-me alívio, não pela razão comum de ser irmão da morte, mas por outra. Acho que posso explicar assim esse fenômeno: — o sono, eliminando a necessidade de uma alma exterior, deixava atuar a alma interior. Nos sonhos, fardava-me, orgulhosamente, no meio da família e dos amigos, que me elogiavam o garbo, que me chamavam alferes; vinha um amigo de nossa casa, e prometia-me o posto de tenente, outro o de capitão ou major; e tudo isso fazia-me viver. Mas quando acordava, dia claro, esvaía-se com o sono a consciência do meu ser novo e único, — porque a alma interior perdia a ação exclusiva, e ficava dependente da outra, que teimava em não tornar... Não tornava. Eu saía fora, a um lado e outro, a ver se descobria algum sinal de regresso. *Sœur Anne, sœur Anne, ne vois-tu rien venir?** Nada, cousa nenhuma; tal qual como na lenda francesa. Nada mais do que a poeira da estrada e o capinzal dos morros. Voltava para casa, nervoso, desesperado, estirava-me no canapé da sala. *Tic-tac, tic-tac.* Levantava-me, passeava, tamborilava nos vidros das janelas, assobiava. Em certa ocasião lembrei-me de escrever alguma cousa, um artigo político, um romance, uma ode; não escolhi nada definitivamente; sentei-me e tracei no papel algumas palavras e frases soltas, para intercalar no estilo. Mas o estilo, como a tia Marcolina, deixava-se estar. *Sœur Anne, sœur Anne...* Cousa nenhuma. Quando muito via negrejar a tinta e alvejar o papel.

— Mas não comia?

— Comia mal, frutas, farinha, conservas, algumas raízes tostadas ao fogo, mas suportaria tudo alegremente, se não fora a terrível situação moral em que me achava. Recitava versos, discursos, trechos latinos, liras de Gonzaga, oitavas de Camões,

---

* "Irmã Ana, irmã Ana, não vês chegar nada?"

décimas, uma antologia em trinta volumes. Às vezes fazia ginástica; outras dava beliscões nas pernas; mas o efeito era só uma sensação física de dor ou de cansaço, e mais nada. Tudo silêncio, um silêncio vasto, enorme, infinito, apenas sublinhado pelo eterno *tic-tac* da pêndula. *Tic-tac, tic-tac...*
— Na verdade, era de enlouquecer.
— Vão ouvir cousa pior. Convém dizer-lhes que, desde que ficara só, não olhava uma só vez para o espelho. Não era abstenção deliberada, não tinha motivo; era um impulso inconsciente, um receio de achar-me um e dois, ao mesmo tempo, naquela casa solitária; e se tal explicação é verdadeira, nada prova melhor a contradição humana, porque no fim de oito dias, deu-me na veneta olhar para o espelho com o fim justamente de achar-me dois. Olhei e recuei. O próprio vidro parecia conjurado com o resto do universo; não me estampou a figura nítida e inteira, mas vaga, esfumada, difusa, sombra de sombra. A realidade das leis físicas não permite negar que o espelho reproduziu-me textualmente, com os mesmos contornos e feições; assim devia ter sido. Mas tal não foi a minha sensação. Então tive medo; atribuí o fenômeno à excitação nervosa em que andava; receei ficar mais tempo, e enlouquecer. "Vou-me embora" — disse comigo. E levantei o braço com gesto de mau humor, e ao mesmo tempo de decisão, olhando para o vidro; o gesto lá estava, mas disperso, esgaçado, mutilado... Entrei a vestir-me murmurando comigo, tossindo sem tosse, sacudindo a roupa com estrépito, afligindo-me a frio com os botões, para dizer alguma cousa. De quando em quando, olhava furtivamente para o espelho; a imagem era a mesma difusão de linhas, a mesma decomposição de contornos... Continuei a vestir-me. Subitamente por uma inspiração inexplicável, por um impulso sem cálculo, lembrou-me... Se forem capazes de adivinhar qual foi a minha ideia...
— Diga.
— Estava a olhar para o vidro, com uma persistência de desesperado, contemplando as próprias feições derramadas e inacabadas, uma nuvem de linhas soltas, informes, quando tive o pensamento... Não, não são capazes de adivinhar.

— Mas, diga, diga.
— Lembrou-me vestir a farda de alferes. Vesti-a, aprontei-me de todo; e, como estava defronte do espelho, levantei os olhos, e... não lhes digo nada; o vidro reproduziu então a figura integral; nenhuma linha de menos, nenhum contorno diverso; era eu mesmo, o alferes, que achava, enfim, a alma exterior. Essa alma ausente com a dona do sítio dispersa e fugida com os escravos, ei-la recolhida no espelho. Imaginai um homem que pouco a pouco emerge de um letargo, abre os olhos sem ver, depois começa a ver, distingue as pessoas dos objetos, mas não conhece individualmente uns nem outros; enfim, sabe que este é Fulano, aquele é Sicrano; aqui está uma cadeira, ali um sofá. Tudo volta ao que era antes do sono. Assim foi comigo. Olhava para o espelho, ia de um lado para outro, recuava, gesticulava, sorria, e o vidro exprimia tudo. Não era mais um autômato, era um ente animado. Daí em diante, fui outro. Cada dia, a uma certa hora, vestia-me de alferes, e sentava-me diante do espelho, lendo, olhando, meditando; no fim de duas, três horas, despia-me outra vez. Com este regímen pude atravessar mais seis dias de solidão, sem os sentir...

Quando os outros voltaram a si, o narrador tinha descido as escadas.

VAIDADE

Dentro da visão pessimista e cética de Machado de Assis, a vaidade cumpre uma função importante: é a mola mestra de muitas atitudes, a verdadeira causa dos grandes gestos nobres que, na verdade, buscam apenas encobrir a ânsia de reconhecimento e glória de quem os pratica.

"Ora, a vaidade quando domina o coração do homem (e na maioria dos homens acontece assim) não deixa atender a um sentimento mais, a nenhuma razão de justiça."
Conto "Questão de vaidade"

"A vaidade, este grande motor das ações humanas, pode muita vez mais do que todas as razões de consciência ou impulsos de coração."
Conto "Questão de vaidade"

"Eu sou a vaidade, classificada entre os vícios por alguns retóricos de profissão; mas na realidade a maior das virtudes."
Conto "Elogio da vaidade"

"Volúpia suprema da vaidade: vaidade da modéstia."
Conto "Elogio da vaidade"

"Eu não sou homem que recuse elogios. Amo-os; eles fazem bem à alma e até ao corpo. As melhores digestões da minha vida são as dos jantares em que sou brindado."
A Semana, *crônica de 25 de setembro de 1892*

"A vaidade, segundo minha opinião, não é mais que a irradiação da consciência; à contração da consciência chamo eu modéstia."
Conto "O Capitão Mendonça"

No trecho a seguir, do romance *Esaú e Jacó*, o rico Agostinho Santos, que em breve receberá o título de barão, detém-se um momento para contemplar o Palácio Nova Friburgo (atual Museu da República, ex-Palácio do Catete, no Rio de Janeiro, que serviu de sede do governo da República antes da transferência da capital para Brasília) e a vaidade enche-lhe todo o pensamento.

"Ao passar pelo Palácio Nova Friburgo, levantou os olhos para ele com o desejo do costume, uma cobiça de possuí-lo,

VAIDADE

sem prever os altos destinos que o palácio viria a ter na República; mas quem então previa nada? Quem prevê coisa nenhuma? Para Santos a questão era só possuí-lo, dar ali grandes festas únicas, celebradas nas gazetas, narradas na cidade entre amigos e inimigos, cheios de admiração, de rancor ou de inveja. Não pensava nas saudades que as matronas futuras contariam às suas netas, menos ainda nos livros de crônicas, escritos e impressos neste outro século. Santos não tinha a imaginação da posteridade. Via o presente e suas maravilhas.

Já lhe não bastava o que era. A casa de Botafogo, posto que bela, não era um palácio, e depois, não estava tão exposta como aqui no Catete, passagem obrigada de toda a gente, que olharia para as grandes janelas, as grandes portas, as grandes águias no alto, de asas abertas. Quem viesse pelo lado do mar, veria as costas do palácio, os jardins e nos lagos... Oh! gozo infinito! Santos imaginava os bronzes, mármores, luzes, flores, danças, carruagens, músicas, ceias... Tudo isso foi pensado depressa, porque a vitória, embora não corresse (os cavalos tinham ordem de moderar a andadura), todavia, não atrasava as rodas para que os sonhos de Santos acabassem."

Esaú e Jacó

CONTO

Fulano

Venha o leitor comigo assistir à abertura do testamento do meu amigo Fulano Beltrão. Conheceu-o? Era um homem de cerca de sessenta anos. Morreu ontem, dous de janeiro de 1884, às onze horas e trinta minutos da noite. Não imagina a força de ânimo que mostrou em toda a moléstia. Caiu na véspera de finados, e a princípio supúnhamos que não fosse nada; mas a doença persistiu, e ao fim de dous meses e poucos dias a morte o levou.

Eu confesso-lhe que estou curioso de ouvir o testamento. Há de conter por força algumas determinações de interesse geral e honrosas para ele. Antes de 1863 não seria assim, porque até então era um homem muito metido consigo, reservado, morando no caminho do Jardim Botânico, para onde ia de ônibus ou de mula. Tinha a mulher e o filho vivos, a filha solteira, com treze anos. Foi nesse ano que ele começou a ocupar-se com outras cousas, além da família, revelando um espírito universal e generoso. Nada posso afirmar-lhe sobre a causa disto. Creio que foi uma apologia de amigo, por ocasião dele fazer quarenta anos. Fulano Beltrão leu no *Jornal do Comércio*, no dia cinco de março de 1864, um artigo anônimo em que se lhe diziam cousas belas e exatas: — bom pai, bom esposo, amigo pontual, cidadão digno, alma levantada e pura. Que se lhe fizesse justiça, era muito; mas anonimamente, era raro.

— Você verá — disse Fulano Beltrão à mulher —, você verá que isso é do Xavier ou do Castro; logo rasgaremos o capote.

Castro e Xavier eram dous habituados da casa, parceiros constantes do voltarete e velhos amigos do meu amigo. Costu-

VAIDADE

mavam dizer cousas amáveis, no dia cinco de março, mas era ao jantar, na intimidade da família, entre quatro paredes; impressos, era a primeira vez que ele se benzia com elogios. Pode ser que me engane; mas estou que o espetáculo da justiça, a prova material de que as boas qualidades e as boas ações não morrem no escuro, foi o que animou o meu amigo a dispersar--se, a aparecer, a divulgar-se, a dar à coletividade humana um pouco das virtudes com que nasceu. Considerou que milhares de pessoas estariam lendo o artigo, à mesma hora em que o lia também; imaginou que o comentavam, que interrogavam, que confirmavam, ouviu mesmo, por um fenômeno de alucinação que a ciência há de explicar, e que não é raro, ouviu distintamente algumas vozes do público. Ouviu que lhe chamavam homem de bem, cavalheiro distinto, amigo dos amigos, laborioso, honesto, todos os qualificativos que ele vira empregados em outros, e que na vida de bicho do mato em que ia, nunca presumiu que lhe fossem — tipograficamente — aplicados.

— A imprensa é uma grande invenção — disse ele à mulher.

Foi ela, D. Maria Antônia, quem rasgou o capote; o artigo era do Xavier. Declarou este que só em atenção à dona da casa confessava a autoria; e acrescentou que a manifestação não saíra completa, porque a ideia dele era que o artigo fosse dado em todos os jornais, não o tendo feito por havê-lo acabado às sete horas da noite. Não houve tempo de tirar cópias. Fulano Beltrão emendou essa falta, se falta se lhe podia chamar, mandando transcrever o artigo no *Diário do Rio* e no *Correio Mercantil*.

Quando mesmo, porém, esse fato não desse causa à mudança de vida do nosso amigo, fica uma cousa de pé, a saber, que daquele ano em diante, e propriamente do mês de março, é que ele começou a aparecer mais. Era até então um casmurro, que não ia às assembleias das companhias, não votava nas eleições políticas, não frequentava teatros, nada, absolutamente nada. Já naquele mês de março, a vinte e dous ou vinte e três, presenteou a Santa Casa de Misericórdia com um bilhete da grande loteria de Espanha, e recebeu uma honrosa carta do provedor, agradecendo em nome dos pobres. Consultou a mulher e os amigos, se devia publicar a carta ou guardá-la, parecendo-lhe que não a publicar era uma desatenção. Com efeito, a carta foi dada a vinte e seis de março, em todas as folhas, fazendo uma delas comentários desenvolvidos acerca da piedade do doador. Das pessoas que leram esta notícia, muitas naturalmente ainda se lembravam do artigo do Xavier, e ligaram as duas ocorrências: "Fulano Beltrão é aquele mesmo que etc.", primeiro alicerce da reputação de um homem.

É tarde, temos de ir ouvir o testamento, não posso estar a contar-lhe tudo. Digo-lhe sumariamente que as injustiças da rua começaram a ter nele um vingador ativo e discursivo; que as misérias, principalmente as misérias dramáticas, filhas de um incêndio ou inundação, acharam no meu amigo a iniciativa dos socorros que, em tais casos, devem ser prontos e públicos. Ninguém como ele para um desses movimentos. Assim também com as alforrias de escravos. Antes da lei de 28 de setembro de 1871, era muito comum aparecerem na praça do Comércio crianças escravas, para cuja liberdade se pedia o favor dos negociantes. Fulano Beltrão iniciava três quartas partes das subscrições, com tal êxito, que em poucos minutos ficava o preço coberto.

A justiça que se lhe fazia, animava-o, e até lhe trazia lembranças que, sem ela, é possível que nunca lhe tivessem acudido. Não falo do baile que ele deu para celebrar a vitória de Riachuelo, porque era um baile planeado antes de chegar a notícia da batalha, e ele não fez mais do que atribuir-lhe um motivo mais alto do que a simples recreação da família, meter o retrato do almirante Barroso no meio de um troféu de armas navais e bandeiras no salão de honra, em frente ao retrato do imperador, e fazer, à ceia, alguns brindes patrióticos, como tudo consta dos jornais de 1865.

Mas aqui vai, por exemplo, um caso bem característico da influência que a justiça dos outros pode ter no nosso procedimento. Fulano Beltrão vinha um dia do Tesouro, aonde tinha ido tratar de umas décimas. Ao passar pela igreja da Lampadosa, lembrou-se que fora ali batizado; e nenhum homem tem

VAIDADE

uma recordação destas, sem remontar o curso dos anos e dos acontecimentos, deitar-se outra vez no colo materno, rir e brincar, como nunca mais se ri nem brinca. Fulano Beltrão não escapou a este efeito; atravessou o adro, entrou na igreja, tão singela, tão modesta, e para ele tão rica e linda. Ao sair, tinha uma resolução feita, que pôs por obra dentro de poucos dias: mandou de presente à Lampadosa um soberbo castiçal de prata, com duas datas, além do nome do doador, — a data da doação e a do batizado. Todos os jornais deram esta notícia, e até a receberam em duplicata, porque a administração da igreja entendeu (com muita razão) que também lhe cumpria divulgá-la aos quatro ventos.

No fim de três anos, ou menos, entrara o meu amigo nas cogitações públicas; o nome dele era lembrado, mesmo quando nenhum sucesso recente vinha sugeri-lo, e não só lembrado como adjetivado. Já se lhe notava a ausência em alguns lugares. Já o iam buscar para outros. Dona Maria Antônia via assim entrar-lhe no Éden a serpente bíblica, não para tentá-la, mas para tentar a Adão. Com efeito, o marido ia a tantas partes, cuidava de tantas cousas, mostrava-se tanto na rua do Ouvidor, à porta do Bernardo, que afrouxou a convivência antiga da casa. Dona Maria Antônia disse-lho. Ele concordou que era assim, mas demonstrou-lhe que não podia ser de outro modo, e, em todo caso, se mudara de costumes, não mudara de sentimentos. Tinha obrigações morais com a sociedade; ninguém se pertence exclusivamente; daí um pouco de dispersão dos seus cuidados. A verdade é que tinham vivido demasiadamente reclusos; não era justo nem bonito. Não era mesmo conveniente; a filha caminhava para a idade do matrimônio, e casa fechada cria morrinha de convento; por exemplo, um carro, por que é que não teriam um carro? Dona Maria Antônia sentiu um arrepio de prazer, mas curto; protestou logo, depois de um minuto de reflexão.

— Não; carro para quê? Não; deixemo-nos de carro.
— Já está comprado — mentiu o marido.

Mas aqui chegamos ao juízo da provedoria. Não veio ainda ninguém; esperemos à porta. Tem pressa? São vinte minutos no máximo. Pois é verdade, comprou uma linda vitória; e, para quem, só por modéstia, andou tantos anos às costas de mula ou apertado num ônibus, não era fácil acostumar-se logo ao novo veículo. A isso atribuo eu as atitudes salientes e inclinadas com que ele andava, nas primeiras semanas, os olhos que estendia a um lado e outro, à maneira de pessoa que procura alguém ou uma casa. Afinal acostumou-se; passou a usar das atitudes reclinadas, embora sem um certo sentimento de indiferença ou despreocupação, que a mulher e a filha tinham muito bem, talvez por serem mulheres. Elas, aliás, não gostavam de sair de carro; mas ele teimava tanto que saíssem, que fossem a toda a parte, e até a parte nenhuma, que não tinham remédio senão obedecer-lhe; e, na rua, era sabido, mal vinha ao longe a ponta do vestido de duas senhoras, e na almofada um certo cocheiro, toda a gente dizia logo: — Aí vem a família de Fulano Beltrão. E isto mesmo, sem que ele talvez o pensasse, tornava-o mais conhecido.

No ano de 1868 deu entrada na política. Sei do ano porque coincidiu com a queda dos liberais e a subida dos conservadores. Foi em março ou abril de 1868 que ele declarou aderir à situação, não à socapa, mas estrepitosamente. Este foi, talvez, o ponto mais fraco da vida do meu amigo. Não tinha ideias políticas; quando muito, dispunha de um desses temperamentos que substituem as ideias, e fazem crer que um homem pensa, quando simplesmente transpira. Cedeu, porém, a uma alucinação de momento. Viu-se na Câmara vibrando um aparte, ou inclinado sobre a balaustrada, em conversa com o presidente do Conselho, que sorria para ele, numa intimidade grave de governo. E aí é que a galeria, na exata acepção do termo, tinha de o contemplar. Fez tudo o que pôde para entrar na Câmara; a meio caminho caiu a situação. Voltando do atordoamento, lembrou-se de afirmar ao Itaboraí o contrário do que dissera ao Zacarias, ou antes a mesma cousa; mas perdeu a eleição, e deu de mão à política. Muito mais acertado andou, metendo-se na questão da maçonaria com os prelados. Deixara-se estar quedo, a princípio; por um lado, era maçom; por outro, queria respei-

VAIDADE

tar os sentimentos religiosos da mulher. Mas o conflito tomou tais proporções que ele não podia ficar calado; entrou nele com o ardor, a expansão, a publicidade que metia em tudo; celebrou reuniões em que falou muito da liberdade de consciência e do direito que assistia ao maçom de enfiar uma opa; assinou protestos, representações, felicitações, abriu a bolsa e o coração, escancaradamente.

Morreu-lhe a mulher em 1878. Ela pediu-lhe que a enterrasse sem aparato, e ele assim o fez, porque a amava deveras e tinha a sua última vontade como um decreto do céu. Já então perdera o filho; e a filha, casada, achava-se na Europa. O meu amigo dividiu a dor com o público; e, se enterrou a mulher sem aparato, não deixou de lhe mandar esculpir na Itália um magnífico mausoléu, que esta cidade admirou exposto, na rua do Ouvidor, durante perto de um mês. A filha ainda veio assistir à inauguração. Deixei de os ver uns quatro anos. Ultimamente surgiu a doença, que no fim de pouco mais de dous meses o levou desta para a melhor. Note que, até começar a agonia, nunca perdeu a razão nem a força d'alma. Conversava com as visitas, mandava-as relacionar, não esquecia mesmo noticiar às que chegavam as que acabavam de sair; cousa inútil, porque uma folha amiga publicava-as todas. Na manhã do dia em que morreu ainda ouviu ler os jornais, e num deles uma pequena comunicação relativamente à sua moléstia, o que de algum modo pareceu reanimá-lo. Mas para a tarde enfraqueceu um pouco; à noite expirou.

Vejo que está aborrecido. Realmente demoram-se... Espere; creio que são eles. São; entremos. Cá está o nosso magistrado, que começa a ler o testamento. Está ouvindo? Não era preciso esta minuciosa genealogia, excedente das práticas tabelioas; mas isto mesmo de contar a família desde o quarto avô prova o espírito exato e paciente do meu amigo. Não esquecia nada. O cerimonial do saimento é longo e complicado, mas bonito. Começa agora a lista dos legados. São todos pios; alguns industriais. Vá vendo a alma do meu amigo. Trinta contos...

Trinta contos para quê? Para servir de começo a uma subscrição pública destinada a erigir uma estátua a Pedro Álvares Cabral. "Cabral", diz ali o testamento, "não pode ser olvidado dos brasileiros, foi o precursor do nosso Império". Recomenda que a estátua seja de bronze, com quatro medalhões no pedestal, a saber, o retrato do bispo Coutinho, presidente da Constituinte, o de Gonzaga, chefe da conjuração mineira, e o de dous cidadãos da presente geração "notáveis por seu patriotismo e liberalidade" à escolha da comissão, que ele mesmo nomeou para levar a empresa a cabo.

Que ela se realize, não sei; falta-nos a perseverança do fundador da verba. Dado, porém, que a comissão se desempenhe da tarefa, e que este sol americano ainda veja erguer-se a estátua de Cabral, é da nossa honra que ele contemple num dos medalhões o retrato do meu finado amigo. Não lhe parece? Bem, o magistrado acabou, vamos embora.

HUMOR

Machado de Assis não tinha uma visão muito favorável da natureza humana, e toda sua obra é permeada de um amargo pessimismo. No entanto, o que torna seus livros tão deliciosos de ler é o acentuado senso de humor com que ele aborda seus temas, em geral tão sombrios. Este humor, no entanto, é extremamente refinado, sutil, mesclado de ironia e às vezes de sarcasmo. Nosso autor é mestre em escolher as palavras certas para obter o efeito exato, para aliviar a tensão do leitor ou fazê-lo compactuar com seus pontos de vista.

"A alopatia é o catolicismo da medicina..."
Dom Casmurro

"[...] a avareza é apenas a exageração de uma virtude, e as virtudes devem ser como os orçamentos: melhor é o saldo que o *deficit*."
Memórias póstumas de Brás Cubas

"Esta sarna de escrever, quando pega aos cinquenta anos, não despega mais. Na mocidade é possível curar-se um homem dela [...]"
Dom Casmurro

"Deus te livre, leitor, de uma ideia fixa; antes um argueiro, antes uma trave no olho."
Memórias póstumas de Brás Cubas

"Os sonhos acabam ou alteram-se, enquanto que os maus maridos podem viver muito."
Quincas Borba

"[...] gosto dos epitáfios; eles são, entre a gente civilizada, uma expressão daquele pio e secreto egoísmo que induz o homem a arrancar à morte um farrapo ao menos da sombra que passou. Daí vem, talvez, a tristeza inconsolável dos que sabem os seus mortos na vala comum; parece-lhes que a podridão anônima os alcança a eles mesmos."
Memórias póstumas de Brás Cubas

"A persistência do benefício na memória de quem o exerce explica-se pela natureza mesma do benefício e seus efeitos. Primeiramente, há o sentimento de uma boa ação, e dedutivamente a consciência de que somos capazes de boas ações; em segundo lugar, recebe-se uma convicção de superioridade sobre outra criatura, superioridade no estado e nos meios; e esta é

HUMOR

uma das coisas mais legitimamente agradáveis, segundo as melhores opiniões, ao organismo humano."

Memórias póstumas de Brás Cubas

"[...] a mentira é dessas criadas que se dão pressa em responder às visitas que 'a senhora saiu', quando a senhora não quer falar a ninguém."

Dom Casmurro

"Que isto de método, sendo, como é, uma coisa indispensável, todavia é melhor tê-lo sem gravata nem suspensórios, mas um pouco à fresca e à solta, como quem não se lhe dá da vizinha fronteira, nem do inspetor do quarteirão. É como a eloquência, que há uma genuína e vibrante, de uma arte natural e feiticeira, e outra tesa, engomada e chocha."

Memórias póstumas de Brás Cubas

"Tão certo é que a paisagem depende do ponto de vista, e que o melhor modo de apreciar o chicote é ter-lhe o cabo na mão."

Quincas Borba

"Não confundam purgatório com inferno, que é o eterno naufrágio. Purgatório é uma casa de penhores que empresta sobre todas as virtudes a juro alto e prazo curto. Mas os prazos renovam-se, até que um dia uma ou duas virtudes medianas pagam todos os pecados grandes e pequenos."

Dom Casmurro

"[...] A velhice ridícula é, porventura, a mais triste e derradeira surpresa da natureza humana."

Memórias póstumas de Brás Cubas

"[...] o vício é muitas vezes o estrume da virtude. O que não impede que a virtude seja uma flor cheirosa e sã."

Memórias póstumas de Brás Cubas

"Ao vencedor, as batatas!"
Quincas Borba

"Realmente, não sei como lhes digo, não me senti mal, ao pé da moça, trajando garridamente um vestido fino, um vestido que me dava cócegas de Tartufo. Ao contemplá-lo, cobrindo casta e redondamente o joelho, foi que eu fiz uma descoberta sutil, a saber, que a natureza previu a vestidura humana, condição necessária ao desenvolvimento da nossa espécie. A nudez habitual, dada a multiplicação das obras e dos cuidados do indivíduo, tenderia a embotar os sentidos e a retardar os sexos, ao passo que o vestuário, negaceando a natureza, aguça e atrai as vontades, ativa-as, reprodu-las, e conseguintemente faz andar a civilização."
Memórias póstumas de Brás Cubas

"Enquanto uma chora, outra ri; é a lei do mundo, meu rico senhor; é a perfeição universal. Tudo chorando seria monótono, tudo rindo cansativo; mas uma boa distribuição de lágrimas e polcas, soluços e sarabandas, acaba por trazer à alma do mundo a variedade necessária, e faz-se o equilíbrio da vida."
Quincas Borba

"A natureza é simples. A arte é atrapalhada."
Dom Casmurro

"Ó ruas antigas! ó casas antigas! ó pernas antigas! Todos nós éramos antigos, e não é preciso dizer que no mau sentido, no sentido de velho e acabado."
Dom Casmurro

HUMOR

O romance *Memórias póstumas de Brás Cubas*, publicado em 1881, marca uma revolução na literatura brasileira por diversos motivos. Um destes motivos, sem dúvida, é o amplo emprego do humor, da ironia, da sátira para abordar assuntos em geral considerados pouco divertidos. Este humor já se evidencia logo no título: *Memórias póstumas* — "póstumas" por quê? Porque escritas por uma pessoa já morta! A dedicatória, que se tornou famosa, diz: *"Ao verme que primeiro roeu as frias carnes do meu cadáver dedico com saudosa lembrança estas memórias póstumas"*. Antes de iniciar propriamente o livro, o narrador, Brás Cubas, dirige algumas palavras ao leitor, que merecem ser lidas pela sua carga de implacável ironia:

"Ao leitor

Que Stendhal confessasse haver escrito um de seus livros para cem leitores, coisa é que admira e consterna. O que não admira, nem provavelmente consternará é se este outro livro não tiver os cem leitores de Stendhal, nem cinquenta, nem vinte, e quando muito, dez. Dez? Talvez cinco. Trata-se, na verdade, de uma obra difusa, na qual eu, Brás Cubas, se adotei a forma de um Sterne ou de um Xavier de Maistre, não sei se lhe meti algumas rabugens de pessimismo. Pode ser. Obra de finado. Escrevia-a com a pena da galhofa e a tinta da melancolia, e não é difícil antever o que poderá sair desse conúbio. Acresce que a gente grave achará no livro umas aparências de puro romance, ao passo que a gente frívola não achará nele o seu romance usual; ei-lo aí fica privado da estima dos graves e do amor dos frívolos, que são as duas colunas máximas da opinião.

Mas eu ainda espero angariar as simpatias da opinião, e o primeiro remédio é fugir a um prólogo explícito e longo. O melhor prólogo é o que contém menos coisas, ou o que as diz de um jeito obscuro e truncado. Conseguintemente, evito contar o processo extraordinário que empreguei na composição destas *Memórias*,

trabalhadas cá no outro mundo. Seria curioso, mas nimiamente extenso, e aliás desnecessário ao entendimento da obra. A obra em si é tudo: se te agradar, fino leitor, pago-me da tarefa; se te não agradar, pago-te com um piparote, e adeus.
Brás Cubas"

Mais adiante, no mesmo livro, capítulo CXIX, Brás Cubas interrompe sua narrativa para dar ao leitor de presente algumas "pérolas" de seu pensamento:

"Quero deixar aqui, entre parêntesis, meia dúzia de máximas das muitas que escrevi por esse tempo. São bocejos de enfado; podem servir de epígrafe a discursos sem assunto:
Suporta-se com paciência a cólica do próximo.
Matamos o tempo; o tempo nos enterra.
Um cocheiro filósofo costumava dizer que o gosto da carruagem seria diminuto, se todos andassem de carruagem.
Crê em ti; mas nem sempre duvides dos outros.
Não se compreende que um botocudo fure o beiço para enfeitá-lo com um pedaço de pau. Esta reflexão é de um joalheiro.
Não te irrites se te pagarem mal um benefício; antes cair das nuvens, que de um terceiro andar."

Em muitos dos contos que escreveu Machado, não falta a dose de humor e ironia tipicamente machadiana. Mas sempre valerá a pena ler mais uma das peças curtas do mestre, desta vez deixando de lado a "tinta da melancolia" e usando com leveza e habilidade a "pena da galhofa".

CONTO

Quem conta um conto...

I

Eu compreendo que um homem goste de ver brigar galos ou de tomar rapé. O rapé dizem os tomistas que alivia o cérebro. A briga de galos é o Jockey Club dos pobres. O que eu não compreendo é o gosto de dar notícias.

E todavia quantas pessoas não conhecerá o leitor com essa singular vocação? O noveleiro* não é tipo muito vulgar, mas também não é muito raro. Há família numerosa deles. Alguns são mais peritos e originais que outros. Não é noveleiro quem quer. É ofício que exige certas qualidades de bom cunho, quero dizer as mesmas que se exigem do homem de Estado. O noveleiro deve saber quando lhe convém dar uma notícia abruptamente, ou quando o efeito lhe pede certos preparativos: deve esperar a ocasião e adaptar-lhe os meios.

Não compreendo, como disse, o ofício de noveleiro. É coisa muito natural que um homem diga o que sabe a respeito de algum objeto; mas que tire satisfação disso, lá me custa a entender. Mais de uma vez tenho querido fazer indagações a este respeito; mas a certeza de que nenhum noveleiro confessa que o é, tem impedido a realização deste meu desejo. Não é só desejo, é também necessidade; ganha-se sempre em conhecer os caprichos do espírito humano.

O caso de que vou falar aos leitores tem por origem um noveleiro. Lê-se depressa, porque não é grande.

---
* "Noveleiro" é o que hoje se chama "fofoqueiro".

II

Há coisa de sete anos vivia nesta boa cidade um homem de seus trinta anos, bem apessoado e bem falante, amigo de conversar, extremamente polido, mas extremamente amigo de espalhar novas.

Era um modelo do gênero.

Sabia como ninguém escolher o auditório, a ocasião e a maneira de dar a notícia. Não sacava a notícia da algibeira como quem tira uma moeda de vintém para dar a um mendigo.

Não, senhor.

Atendia mais que tudo às circunstâncias. Por exemplo: ouvira dizer, ou sabia positivamente que o ministério pedira a demissão ou ia pedi-la. Qualquer noveleiro diria simplesmente a coisa sem rodeios. Luís da Costa, ou dizia a coisa simplesmente, ou adicionava-lhe certo molho para torná-la mais picante.

Às vezes entrava, cumprimentava as pessoas presentes, e se entre elas alguma havia metida em política, aproveitava o silêncio causado pela sua entrada, para fazer-lhe uma pergunta deste gênero:

— Então, parece que os homens...

Os circunstantes perguntavam logo:

— Que é? que há?

Luís da Costa, sem perder o seu ar sério, dizia singelamente:

— É o ministério que pediu demissão.

— Ah! sim? quando?

— Hoje.

— Sabe quem foi chamado?

— Foi chamado o Zózimo.

— Mas por que caiu o ministério?

— Ora, estava podre.

Etc. etc.

Ou então:

— Morreram como viveram.

— Quem? quem? quem?

Luís da Costa puxava os punhos e dizia negligentemente:

HUMOR

— Os ministros.
Suponhamos agora que se tratava de uma pessoa qualificada que devia vir no paquete: Adolfo Thiers ou o príncipe de Bismarck*.
Luís da Costa entrava, cumprimentava silenciosamente a todos, e em vez de dizer com simplicidade:
— Veio no paquete de hoje o príncipe de Bismarck.
Ou então:
— O Thiers chegou no paquete.
Voltava-se para um dos circunstantes:
— Chegaria o paquete?
— Chegou — dizia o circunstante.
— O Thiers veio?
Aqui entrava a admiração dos ouvintes, com que se deliciava Luís da Costa, razão principalmente do seu ofício.

III

Não se pode negar que este prazer era inocente e quando muito singular.
Infelizmente não há bonito sem senão, nem prazer sem amargura. Que mel não deixa um travo de veneno?, perguntava o poeta da *Jovem cativa*, e eu creio que nenhum, nem sequer o de alvissareiro.
Luís da Costa experimentou um dia as asperezas do seu ofício.
Eram duas horas da tarde. Havia pouca gente na loja do Paula Brito, cinco pessoas apenas. Luís da Costa entrou com o rosto fechado como homem que vem pejado de alguma notícia.
Apertou a mão a quatro das pessoas presentes; a quinta apenas recebeu um cumprimento, porque não se conheciam. Houve um rápido instante de silêncio, que Luís da Costa apro-

---

* Adolphe Thiers (1797-1877), político francês, presidente da República (1871-1873). Otto von Bismarck (1815-1898), político alemão, primeiro chanceler da Alemanha unificada (1871-1890).

veitou para tirar o lenço da algibeira e enxugar o rosto. Depois olhou para todos, e soltou secamente estas palavras:
— Então fugiu a sobrinha do Gouveia? — disse ele rindo.
— Que Gouveia? — disse um dos presentes.
— O major Gouveia — explicou Luís da Costa.
Os circunstantes ficaram muito calados e olharam de esguelha para o quinto personagem, que por sua parte olhava para Luís da Costa.
— O major Gouveia da Cidade Nova? — perguntou o desconhecido ao noveleiro.
— Sim, senhor.
Novo e mais profundo silêncio.
Luís da Costa, imaginando que o silêncio era efeito da bomba que acabava de queimar, entrou a referir os pormenores da fuga da moça em questão. Falou de um namoro com um alferes, da oposição do major ao casamento, do desespero dos pobres namorados, cujo coração, mais eloquente que a honra, adotara o alvitre de saltar por cima dos moinhos.
O silêncio era sepulcral.
O desconhecido ouvia atentamente a narrativa de Luís da Costa, meneando com muita placidez uma grossa bengala que tinha na mão.
Quando o alvissareiro acabou, perguntou-lhe o desconhecido:
— E quando foi esse rapto?
— Hoje de manhã.
— Oh!
— Das 8 para as 9 horas.
— Conhece o major Gouveia?
— De nome.
— Que ideia forma dele?
— Não formo ideia nenhuma. Menciono o fato por duas circunstâncias. A primeira é que a rapariga é muito bonita...
— Conhece-a?
— Ainda ontem a vi.
— Ah! A segunda circunstância...

HUMOR

— A segunda circunstância é a crueldade de certos homens em tolher os movimentos do coração da mocidade. O alferes de que se trata dizem-me que é um moço honesto, e o casamento seria, creio eu, excelente. Por que razão queria o major impedi-lo?

— O major tinha razões fortes — observou o desconhecido.

— Ah! conhece-o?

— Sou eu.

Luís da Costa ficou petrificado. A cara não se distinguia da de um defunto, tão imóvel e pálida ficou. As outras pessoas olhavam para os dois sem saber o que iria sair dali. Deste modo correram cinco minutos.

IV

No fim de cinco minutos, o major Gouveia continuou:

— Ouvi toda a sua narração e diverti-me com ela. Minha sobrinha não podia fugir hoje de minha casa, visto que há quinze dias se acha em Juiz de Fora.

Luís da Costa ficou amarelo.

— Por essa razão ouvi tranquilamente a história que o senhor acaba de contar com todas as suas peripécias. O fato, se fosse verdadeiro, devia causar naturalmente espanto, porque, além do mais, Lúcia é muito bonita, e o senhor o sabe porque a viu ontem...

Luís da Costa tornou-se verde.

— A notícia, entretanto, pode ter-se espalhado — continuou o major Gouveia —, e eu desejo liquidar o negócio pedindo-lhe que me diga de quem a ouviu...

Luís da Costa ostentou todas as cores do íris.

— Então? — disse o major passados alguns instantes de silêncio.

— Senhor major — disse com voz trêmula Luís da Costa —, eu não podia inventar semelhante notícia. Nenhum interesse tenho nela. Evidentemente alguém ma contou.

— É justamente o que eu desejo saber.

— Não me lembro...
— Veja se se lembra — disse o major com doçura.
Luís da Costa consultou sua memória; mas tantas coisas ouvia e tantas repetia, que já não podia atinar com a pessoa que lhe contara a história do rapto.
As outras pessoas presentes, vendo o caminho desagradável que as coisas podiam ter, trataram de meter o caso à bulha; mas o major, que não era homem de graças, insistiu com o alvissareiro para que o esclarecesse a respeito do inventor da balela.
— Ah! agora me lembro — disse de repente Luís da Costa —, foi o Pires.
— Que Pires?
— Um Pires que eu conheço muito superficialmente.
— Bem, vamos ter com o Pires.
— Mas, senhor major...
O major já estava de pé, apoiado na grossa bengala, e com um ar de quem estava pouco disposto a discussões. Esperou que Luís da Costa se levantasse também. O alvissareiro não teve remédio senão imitar o gesto do major, não sem tentar ainda um:
— Mas, senhor major...
— Não há mas, nem meio mas. Venha comigo; porque é necessário deslindar o negócio hoje mesmo. Sabe onde mora esse tal Pires?
— Mora na Praia Grande, mas tem escritório na rua dos Pescadores.
— Vamos ao escritório.
Luís da Costa cortejou os outros e saiu ao lado do major Gouveia, a quem deu respeitosamente a calçada e ofereceu um charuto. O major recusou o charuto, dobrou o passo e os dois seguiram na direção da rua dos Pescadores.

V

— O senhor Pires?
— Foi à secretaria da justiça.
— Demora-se?

HUMOR

— Não sei.
Luís da Costa olhou para o major ao ouvir estas palavras do criado do sr. Pires. O major disse fleumaticamente:
— Vamos à secretaria da justiça.
E ambos foram a trote largo na direção da rua do Passeio. Iam-se aproximando as três horas, e Luís da Costa, que jantava cedo, começava a ouvir do estômago uma lastimosa petição. Era-lhe, porém, impossível fugir às garras do major. Se o Pires tivesse embarcado para Santos, é provável que o major o levasse até lá antes de jantar.
Tudo estava perdido.
Chegaram enfim à secretaria, bufando como dois touros.
Os empregados vinham saindo, e um deles deu a notícia certa do esquivo Pires; disse-lhes que saíra dali, dez minutos antes, num tílburi.
— Voltemos à rua dos Pescadores — disse pacificamente o major.
— Mas, senhor...
A única resposta do major foi dar-lhe o braço e arrastá-lo na direção da rua dos Pescadores.
Luís da Costa ia furioso. Começava a compreender a plausibilidade e até a legitimidade de um crime. O desejo de estrangular o major pareceu-lhe um sentimento natural. Lembrou-se de ter condenado, oito dias antes, como jurado, um criminoso de morte, e teve horror de si mesmo.
O major, porém, continuava a andar com aquele passo rápido dos majores que andam depressa. Luís da Costa ia rebocado. Era-lhe literalmente impossível apostar carreira com ele.
Eram três e cinco minutos quando chegaram defronte do escritório do sr. Pires. Tiveram o gosto de dar com o nariz na porta.
O major Gouveia mostrou-se aborrecido com o fato; como era homem resoluto, depressa se consolou do incidente.
— Não há dúvida — disse ele —, iremos à Praia Grande.
— Isso é impossível! — clamou Luís da Costa.
— Não é tal —, respondeu tranquilamente o major —, temos barca e custa-nos um cruzado a cada um: eu pago a sua passagem.

— Mas, senhor, a esta hora...
— Que tem?
— São horas de jantar, suspirou o estômago de Luís da Costa.
— Pois jantaremos antes.
Foram dali a um hotel e jantaram. A companhia do major era extremamente aborrecida para o desastrado alvissareiro. Era impossível livrar-se dela; Luís da Costa portou-se o melhor que pôde. Demais, a sopa e o primeiro prato foi o começo da reconciliação. Quando veio o café e um bom charuto, Luís da Costa estava resolvido a satisfazer o seu anfitrião em tudo o que lhe aprouvesse.

O major pagou a conta e saíram ambos do hotel. Foram direitos à estação das barcas de Niterói; meteram-se na primeira que saiu e transportaram-se à imperial cidade.

No trajeto, o major Gouveia conservou-se tão taciturno como até então. Luís da Costa, que já estava mais alegre, cinco ou seis vezes tentou atar conversa com o major; mas foram esforços inúteis. Ardia entretanto por levá-lo até a casa do sr. Pires, que explicaria as coisas como as soubesse.

VI

O sr. Pires morava na rua da Praia. Foram direitinhos à casa dele. Mas se os viajantes haviam jantado, também o sr. Pires fizera o mesmo; e como tinha por costume ir jogar o voltarete em casa do dr. Oliveira, em S. Domingos, para lá seguira vinte minutos antes.

O major ouviu esta notícia com a resignação filosófica de que estava dando provas desde as duas horas da tarde. Inclinou o chapéu mais à banda e olhando de esguelha para Luís da Costa, disse:
— Vamos a S. Domingos.
— Vamos a S. Domingos — suspirou Luís da Costa.
A viagem foi de carro, o que de algum modo consolou o noveleiro.

Na casa do dr. Oliveira passaram pelo dissabor de bater cinco vezes, antes que viessem abrir.

HUMOR

Enfim vieram.
— Está cá o sr. Pires?
— Está, sim, senhor — disse o moleque.
Os dois respiraram.
O moleque abriu-lhes a porta da sala, onde não tardou que aparecesse o famoso Pires, *l'introuvable**.
Era um sujeitinho baixinho e alegrinho. Entrou na ponta dos pés, apertou a mão a Luís da Costa e cumprimentou cerimoniosamente ao major Gouveia.
— Queiram sentar-se.
— Perdão — disse o major —, não é preciso que nos sentemos; desejamos pouca coisa.
O sr. Pires curvou a cabeça e esperou.
O major voltou-se então para Luís da Costa e disse:
— Fale.
Luís da Costa fez das tripas coração e exprimiu-se nestes termos:
— Estando eu hoje na loja do Paula Brito contei a história do rapto de uma sobrinha do sr. major Gouveia, que o senhor me referiu pouco antes do meio-dia. O major Gouveia é este cavalheiro que me acompanha, e declarou que o fato era uma calúnia, visto sua sobrinha estar em Juiz de Fora, há quinze dias. Intenta contudo chegar à fonte da notícia e perguntou-me quem me havia contado a história; não hesitei em dizer que fora o senhor. Resolveu então procurá-lo, e não temos feito outra coisa desde as duas horas e meia. Enfim, encontramo-lo.
Durante este discurso, o rosto do sr. Pires apresentou todas as modificações do espanto e do medo. Um ator, um pintor, ou um estatuário teria ali um livro inteiro para folhear e estudar. Acabado o discurso, era necessário responder-lhe, e o sr. Pires o faria de boa vontade, se se lembrasse do uso da língua. Mas não; ou não se lembrava, ou não sabia que uso faria dela. Assim correram uns três a quatro minutos.

_____
* *L'introuvable*: aquele que ninguém consegue encontrar.

— Espero as suas ordens — disse o major, vendo que o homem não falava.
— Mas, que quer o senhor? — balbuciou o sr. Pires.
— Quero que me diga de quem ouviu a notícia transmitida a este senhor. Foi o senhor quem lhe disse que minha sobrinha era bonita?
— Não lhe disse tal — acudiu o sr. Pires —, o que eu disse foi que me constava ser bonita.
— Vê? — disse o major voltando-se para Luís da Costa.
Luís da Costa começou a contar as tábuas do teto.
O major dirigiu-se depois ao sr. Pires:
— Mas vamos lá — disse —, de quem ouviu a notícia?
— Foi de um empregado do tesouro.
— Onde mora?
— Em Catumbi.
O major voltou-se para Luís da Costa, cujos olhos, tendo já contado as tábuas do teto, que eram vinte e duas, começavam a examinar detidamente os botões do punho da camisa.
— Pode retirar-se — disse o major —, não é mais preciso aqui.
Luís da Costa não esperou mais; apertou a mão do sr. Pires, balbuciou um pedido de desculpa, e saiu. Já estava a trinta passos, e ainda lhe parecia estar colado ao terrível major. Ia justamente a sair uma barca; Luís da Costa deitou a correr, e ainda a alcançou, perdendo apenas o chapéu, cujo herdeiro foi um cocheiro necessitado.
Estava livre.

VII

Ficaram sós o major e o sr. Pires.
— Agora — disse o primeiro —, há de ter a bondade de me acompanhar à casa desse empregado do tesouro... Como se chama?
— O bacharel Plácido.
— Estou às suas ordens; tem passagem e carro pago.
O sr. Pires fez um gesto de aborrecimento e murmurou:
— Mas eu não sei... se...

HUMOR

— Se?
— Não sei se me é possível nesta ocasião...
— Há de ser. Penso que é um homem honrado. Não tem idade para ter filhas moças, mas pode vir a tê-las, e saberá se é agradável que tais invenções andem na rua.
— Confesso que as circunstâncias são melindrosas; mas não poderíamos...
— O quê?
— Adiar?
— Impossível.

O sr. Pires mordeu o lábio inferior; meditou alguns instantes, e afinal declarou que estava disposto a acompanhá-lo.
— Acredite, sr. major — disse ele concluindo — que só as circunstâncias especiais deste caso me obrigariam a ir à cidade.

O major inclinou-se.

O sr. Pires foi despedir-se do dono da casa, e voltou para acompanhar o implacável major, em cujo rosto se lia a mais franca resolução.

A viagem foi tão silenciosa como a primeira. O major parecia uma estátua; não falava e raras vezes olhava para o seu companheiro.

A razão foi compreendida pelo sr. Pires, que matou as saudades do voltarete, fumando sete cigarros por hora.

Enfim chegaram a Catumbi.

Desta vez foi o major Gouveia mais feliz que da outra: achou o bacharel Plácido em casa.

O bacharel Plácido era o seu próprio nome feito homem. Nunca a pachorra tivera mais fervoroso culto. Era gordo, corado, lento e frio. Recebeu os dois visitantes com a benevolência de um Plácido verdadeiramente plácido.

O sr. Pires explicou o objeto da visita.
— É verdade que eu lhe falei de um rapto — disse o bacharel —, mas não foi nos termos em que o senhor o repetiu. O que eu disse foi que o namoro da sobrinha do major Gouveia com um alferes era tal que até já se sabia do projeto de rapto.
— E quem lhe disse isso, sr. bacharel? — perguntou o major.

— Foi o capitão de artilharia Soares.
— Onde mora?
— Ali em Mataporcos.
— Bem — disse o major.
E voltando-se para o sr. Pires:
— Agradeço-lhe o incômodo — disse —, não lhe agradeço, porém, o acréscimo. Pode ir embora; o carro tem ordem de o acompanhar até à estação das barcas.
O sr. Pires não esperou novo discurso; despediu-se e saiu. Apenas entrou no carro deu dois ou três socos em si mesmo e fez um solilóquio extremamente desfavorável à sua pessoa.
— É bem feito — dizia o sr. Pires —; quem me manda ser abelhudo? Se só me ocupasse com o que me diz respeito, estaria a esta hora muito descansado e não passaria por semelhante dissabor. É bem feito!

VIII

O bacharel Plácido encarou o major, sem compreender a razão por que ficara ali, quando o outro fora embora. Não tardou que o major o esclarecesse. Logo que o sr. Pires saiu da sala, disse ele:
— Queira agora acompanhar-me à casa do capitão Soares.
— Acompanhá-lo! — exclamou o bacharel mais surpreendido do que se lhe caísse o nariz no lenço de tabaco.
— Sim, senhor.
— Que pretende fazer?
— Oh! nada que o deva assustar. Compreende que se trata de uma sobrinha, e que um tio tem necessidade de chegar à origem de semelhante boato. Não crimino os que o repetiram, mas quero haver-me com o que o inventou.
O bacharel recalcitrou: a sua pachorra dava mil razões para demonstrar que sair de casa às ave-marias para ir a Mataporcos era um absurdo. A nada atendia o major Gouveia, e com o tom intimador que lhe era peculiar, antes intimava do que persuadia o gordo bacharel.

HUMOR

— Mas há de confessar que é longe — observou este.
— Não seja essa a dúvida — acudiu o outro —, mande chamar um carro que eu pago.

O bacharel Plácido coçou a orelha, deu três passos na sala, suspendeu a barriga e sentou-se.

— Então? — disse o major ao cabo de algum tempo de silêncio.

— Refleti — disse o bacharel —, é melhor irmos a pé; eu jantei há pouco e preciso digerir. Vamos a pé...

— Bem, estou às suas ordens.

O bacharel arrastou a sua pessoa até a alcova, enquanto o major, com as mãos nas costas, passeava na sala meditando e fazendo, a espaços, um gesto de impaciência.

Gastou o bacharel cerca de vinte e cinco minutos em preparar a sua pessoa, e saiu enfim à sala, quando o major ia já tocar a campainha para chamar alguém.

— Pronto?
— Pronto.
— Vamos!
— Deus vá conosco.

Saíram os dois na direção de Mataporcos.

Se uma pipa andasse seria o bacharel Plácido; já porque a gordura não lho consentia, já porque desejara pregar uma peça ao importuno, o bacharel não ia sequer com passo de gente. Não andava... arrastava-se. De quando em quando parava, respirava e bufava; depois seguia vagarosamente o caminho.

Com este era impossível o major empregar o sistema de reboque que tão bom efeito teve com Luís da Costa. Ainda que o quisesse obrigar a andar era impossível, porque ninguém arrasta oito arrobas com a simples força do braço.

Tudo isto punha o major em apuros. Se visse passar um carro, tudo estava acabado, porque o bacharel não resistiria ao seu convite intimativo; mas os carros tinham-se apostado para não passar ali, ao menos vazios, e só de longe em longe um tílburi vago convidava, a passo lento, os fregueses.

O resultado de tudo isto foi que, só às oito horas, chegaram os dois à casa do capitão Soares. O bacharel respirou à larga, enquanto o major batia palmas na escada.
— Quem é? — perguntou uma voz açucarada.
— O sr. capitão? — disse o major Gouveia.
— Eu não sei se já saiu — respondeu a voz —, vou ver.

Foi ver, enquanto o major limpava a testa e se preparava para tudo o que pudesse sair de semelhante embrulhada. A voz não voltou senão dali a oito minutos, para perguntar com toda a singeleza:
— O senhor quem é?
— Diga que é o bacharel Plácido — acudiu o indivíduo deste nome, que ansiava por arrumar a católica pessoa em cima de algum sofá.

A voz foi dar a resposta e daí a dois minutos voltou a dizer que o bacharel Plácido podia subir.

Subiram os dois.

O capitão estava na sala e veio receber à porta o bacharel e o major. A este conhecia também, mas eram apenas cumprimentos de chapéu.
— Queiram sentar-se.

Sentaram-se.

IX

— Que mandam nesta sua casa? — perguntou o capitão Soares.

O bacharel usou da palavra:
— Capitão, eu tive a infelicidade de repetir aquilo que você me contou a respeito da sobrinha do sr. major Gouveia.
— Não me lembra; que foi? — disse o capitão com uma cara tão alegre como a de homem a quem estivessem torcendo um pé.
— Disse-me você — continuou o bacharel Plácido —, que o namoro da sobrinha do sr. major Gouveia era tão sabido que até já se falava de um projeto de rapto...
— Perdão! — interrompeu o capitão. — Agora me lembro que alguma coisa lhe disse, mas não foi tanto como você acaba de repetir.

HUMOR

— Não foi?
— Não.
— Então que foi?
— O que eu disse foi que havia notícia vaga de um namoro da sobrinha de V. S. com um alferes. Nada mais disse. Houve equívoco da parte do meu amigo Plácido.
— Sim, há alguma diferença — concordou o bacharel.
— Há — disse o major deitando-lhe os olhos por cima do ombro.
Seguiu-se um silêncio.
Foi o major Gouveia o primeiro que falou.
— Enfim, senhores — disse ele —, ando desde as duas horas da tarde na indagação da fonte da notícia que me deram a respeito de minha sobrinha. A notícia tem diminuído muito, mas ainda há aí um namoro de alferes que incomoda. Quer o sr. capitão dizer-me a quem ouviu isso?
— Pois não — disse o capitão —, ouvi-o ao desembargador Lucas.
— É meu amigo!
— Tanto melhor.
— Acho impossível que ele dissesse isso, disse o major levantando-se.
— Senhor! — exclamou o capitão.
— Perdoe-me, capitão — disse o major caindo em si. — Há de concordar que ouvir a gente o seu nome assim maltratado por culpa de um amigo...
— Nem ele disse por mal — observou o capitão Soares. — Parecia até lamentar o fato, visto que sua sobrinha está para casar com outra pessoa...
— É verdade — concordou o major. — O desembargador não era capaz de injuriar-me; naturalmente ouviu isso a alguém.
— É provável.
— Tenho interesse em saber a fonte de semelhante boato. Acompanhe-me à casa dele.
— Agora!
— É indispensável.

— Mas sabe que ele mora no Rio Comprido?
— Sei; iremos de carro.
O bacharel Plácido aprovou esta resolução e despediu-se dos dois militares.
— Não podíamos adiar isso para depois? — perguntou o capitão logo que o bacharel saiu.
— Não, senhor.
O capitão estava em sua casa; mas o major tinha tal império na voz ou no gesto quando exprimia a sua vontade, que era impossível resistir-lhe. O capitão não teve remédio senão ceder.
Preparou-se, meteram-se num carro e foram na direção do Rio Comprido, onde morava o desembargador.
O desembargador era um homem alto e magro, dotado de excelente coração, mas implacável contra quem quer que lhe interrompesse uma partida de gamão.
Ora, justamente na ocasião em que os dois lhe bateram à porta, jogava ele o gamão com o coadjutor da freguesia, cujo dado era tão feliz que em menos de uma hora lhe dera já cinco gangas. O desembargador fumava...* figuradamente falando, e o coadjutor sorria, quando o moleque foi dar parte de que duas pessoas estavam na sala e queriam falar com o desembargador.
O digno sacerdote da justiça teve ímpetos de atirar o copo à cara do moleque; conteve-se, ou antes traduziu o seu furor num discurso furibundo contra os importunos e maçantes.
— Há de ver que é algum procurador à procura de autos, ou à cata de autos, ou à cata de informações. Que os leve o diabo a todos eles.
— Vamos, tenha paciência — dizia-lhe o coadjutor. — Vá, vá ver o que é, que eu o espero. Talvez que esta interrupção corrija a sorte dos dados.
— Tem razão, é possível — concordou o desembargador, levantando-se e dirigindo-se para a sala.

---

* "Fumar" aqui significa "fumegar", "soltar fumaça".

HUMOR

X

Na sala teve a surpresa de achar dois conhecidos. O capitão levantou-se sorrindo e pediu-lhe desculpa do incômodo que lhe vinha dar. O major levantou-se também, mas não sorria. Feitos os cumprimentos, foi exposta a questão. O capitão Soares apelou para a memória do desembargador a quem dizia ter ouvido a notícia do namoro da sobrinha do major Gouveia.

— Recordo-me de ter-lhe dito — respondeu o desembargador — que a sobrinha de meu amigo Gouveia piscara o olho a um alferes, o que lamentei do fundo d'alma, visto estar para casar. Não lhe disse, porém, que havia namoro...

O major não pôde disfarçar um sorriso, vendo que o boato ia a diminuir à proporção que se aproximava da fonte. Estava disposto a não dormir sem dar com ela.

— Muito bem — disse ele —, a mim não basta esse dito; desejo saber a quem o ouviu, a fim de chegar ao primeiro culpado de semelhante boato.

— A quem o ouvi?
— Sim.
— Foi ao senhor.
— A mim!
— Sim, senhor; sábado passado.
— Não é possível!
— Não se lembra que me disse na rua do Ouvidor, quando falávamos das proezas da...

— Ah! mas não foi isso! — exclamou o major. — O que eu lhe disse foi outra coisa. Disse-lhe que era capaz de castigar minha sobrinha se ela, estando agora para casar, deitasse os olhos a algum alferes que passasse.

— Nada mais? — perguntou o capitão.
— Mais nada.
— Realmente é curioso.

O major despediu-se do desembargador, levou o capitão até Mataporcos e foi direito para casa praguejando contra si e todo o mundo.

Ao entrar em casa estava já mais aplacado. O que o consolou foi a ideia de que o boato podia ser mais prejudicial do que fora. Na cama ainda pensou no acontecimento, mas já se ria da maçada que dera aos noveleiros. Suas últimas palavras antes de dormir foram:

— Quem conta um conto...

Vida & Obra de Machado de Assis

Um mundo que se mostra por dentro e se esconde por fora

Carlos Faraco

Feliz ano-novo
Rio de Janeiro, 31 de dezembro de 1899.
Passagem de ano. Virada de século.
Reforçam-se as crenças nas mudanças e também cristaliza-se o medo do desconhecido.
Apocalipse ou paraíso?

"Quanto ao século, os médicos que estavam presentes ao parto reconhecem que este é difícil, crendo uns que o que agora aparece é a cabeça do XX, outros que são os pés do XIX. Eu sou pela cabeça, como sabe."

Quem escreveu isso foi um mulato que, naquela passagem de século, tinha 61 anos incompletos.

Nunca fora bonito e consta que era meio gago. Nessa altura da vida, uma das figuras mais ilustres da literatura brasileira daquele e de todos os tempos: Joaquim Maria Machado de Assis, ou simplesmente Machado de Assis, como já era conhecido em 1899.

A vida do sexagenário Machado transcorria em normalidade. Não era rico, mas vivia confortavelmente. Trabalhava bastante, era respeitado e famoso. E, sobretudo, muito amado por sua Carolina, com quem se casara trinta anos antes e a quem confessara um dia: "eu vivo e morro por ti".

No entanto, nem sempre tinha sido assim. Criança pobre, neto de escravos alforriados, nascido no morro, já confessava, desde cedo, sentir "umas coisas estranhas": talvez as primeiras manifestações da epilepsia.

Apesar dessa limitação, o menino Joaquim Maria costumava emaranhar-se pelas ruas da cidade onde nasceu, escreveu, amou e morreu: o Rio de Janeiro.

"Eu sou um peco fruto da capital, onde nasci, vivo e creio que

Morro do Livramento, no Rio de Janeiro, onde nasceu Joaquim Maria. Daqui sairia para transformar-se em Machado de Assis.

161

hei de morrer, não indo ao interior senão por acaso e de relâmpago..."

Na época do Império, o Rio de Janeiro era bem diferente do que hoje conhecemos. Possuía iluminação – a gás – apenas no centro. A cidade, malcheirosa, com águas estagnadas por todo lado, contava com um transporte muito precário para uma população estimada em 300 mil habitantes, metade escravos.

A arquitetura das "chácaras" dos ricos contrastava com as humildes casas da gente comum. Foi numa dessas casas, no morro do Livramento, que o pintor (de paredes) Francisco de Assis e a portuguesa Maria Leopoldina Machado de Assis viram nascer o menino Joaquim Maria, um pouco antes da segunda metade do século. Mais precisamente em 21 de junho de 1839.

Nos primeiros anos, com certeza, o menino frequentou a Chácara do Livramento, sob a proteção da madrinha, senhora muito rica, dona da propriedade.

Aos 6 anos, presenciou a morte da única irmã. Quatro anos depois, morre-lhe a mãe. Em 1854 o pai casou-se com Maria Inês. Aos 14 anos, já podemos encontrar o menino Joaquim Maria ajudando a madrasta a vender doces para sustentar a casa, tarefa difícil de-

Largo da Carioca, em fotografia de 1906. Neste ano, os moradores da cidade já assistiam ao surgimento de uma nova metrópole.

pois da morte do pai. Se frequentou escolas regularmente, não se sabe. O que se sabe é que nessa altura já sabia escrever.

É certo também que o adolescente não pouparia esforços para sair do anonimato do morro e integrar-se à vida intelectual da cidade. Aqui começa, de fato, a trajetória do escritor Machado de Assis.

Lances espetaculares de sorte, sucesso imediato, consagração instantânea do público e da crítica, riqueza, fama... Nada disso ocorreu com Machado. Sua perfeição artística resultará de um longo amadurecimento. Tudo ocorreu passo a passo. A alta qualidade da sua literatura vai revelar-se nas obras da idade madura.

É por isso que a crítica costuma falar nas "duas fases da literatura machadiana". Mas essa conversa fica para o final...

A república do pensamento

Numa sociedade marcada por divisões sociais muito rígidas (como já era o Brasil da época de Machado de Assis), o indivíduo nasce com seu destino social mais ou menos determinado pela origem, pela raça e até pela possibilidade ou não de frequentar escolas.

Joaquim Maria era menino de subúrbio e a vida intelectual do subúrbio era muito diferente da vida intelectual da Corte. Era essa última que atraía Machado de Assis.

As coisas elegantes do Rio de Janeiro da época aconteciam nos cafés da rua do Ouvidor, onde as pessoas da classe detentora do poder se encontravam, se divertiam, exibiam suas roupas importadas da Europa.

Era por aqui que Joaquim Maria passava grande parte do seu tempo. Trabalhando. Caixeiro de livraria, tipógrafo, revisor foram profissões que provavelmente exerceu antes de se tornar jornalista e cronista. Não terá sido fácil para o adolescente de arrabalde firmar-se como um intelectual na Corte. Além disso, as teorias racistas que se espalhavam pelo século XIX sustentavam a superioridade natural da raça branca sobre negros, índios e mestiços. Joaquim Maria era mulato.

Na verdade, sua ascensão intelectual só se completará por volta de 1880, quando, no cenário da literatura brasileira, ninguém

Na Rua do Ouvidor, as pessoas elegantes compravam luxuosos artigos importados e se reuniam nos cafés e confeitarias, para passar a tarde.

superava Machado de Assis em fama e importância. Mas o percurso foi longo...
No dia 6 de janeiro de 1855, a Marmota Fluminense, *jornal de notícias, variedades, curiosidades e literatura*, publicou o poema "A palmeira". Na segunda estrofe, o poeta afirmava:

Tenho a fronte amortecida
Do pesar acabrunhada!
Sigo os rigores da sorte,
Nesta vida amargurada!

Nada de excepcional, é bem verdade. Era apenas o começo: a estreia literária de Joaquim Maria Machado de Assis.

O jornal em que se publicou o poema era editado numa livraria que havia se transformado em ponto de encontro dos escritores da época. Foi lá que Machado de Assis ganhou protetores como Paula Brito – dono da livraria e do jornal –, Manuel Antônio de Almeida – já conhecido romancista – e um padre que ensinava latim ao adolescente.

Logo Machado já era membro da redação da Marmota Fluminense. *Outros jornais passaram a publicar seus trabalhos. Para o nosso autor, os jornais eram "a verdadeira forma da república do pensamento [...], a literatura comum, universalmente aceita [...]".*

Machado de Assis, homem da cidade, cada vez mais se distanciava de Joaquim Maria, menino de subúrbio. Nas roupas, na postura, na expressão.

Os meios literários da Corte tornavam-se, pouco a pouco, terreno conhecido para ele.

"A vida fluminense compõe-se agora de óperas, corridas, patinação e pleito eleitoral; é um perpétuo bailado dos espíritos."

Sobre essas coisas — e muitas mais – escrevia Machado de Assis, surpreendendo por um estilo sutilmente irônico, que logo

No jornal *Marmota Fluminense* ocorreu a estreia literária de Machado de Assis. Em pouco tempo, o escritor já era membro da redação do jornal.

VIDA & OBRA

ia tornar-se marca registrada de sua obra. Um exemplo? Veja este comentário sobre corridas de touro, espetáculo muito comum no Rio da época:

"Estou convencido de que esse amigo não foi às corridas [...] Eu sou obrigado a confessar que também lá não ponho os pés, em primeiro lugar porque os tenho moídos, em segundo lugar porque não gosto de ver correr cavalos nem touros. Eu gosto de ver correr o tempo e as coisas; só isso. Às vezes corro também atrás da sorte grande [...]".

A crônica é normalmente considerada como um texto perecível, de interesse restrito no tempo, pois desgasta-se assim que termina a ocorrência que lhe deu origem. Mas não em Machado. Suas crônicas ainda hoje têm atualidade, pois ele conseguiu extrair reflexões profundas de fatos corriqueiros, tocando a essência daquilo que observava. E observava com um meio riso de contemplação. E quase sempre esse riso trazia, implícita ou explicitamente, uma advertência:

"Há pessoas que não sabem, ou não se lembram de raspar a casca do riso para ver o que há dentro. Daí a acusação que me fazia ultimamente um amigo a pro-

Corrida de touros no Rio de Janeiro. Machado de Assis confessou que não gostava desse tipo de espetáculo.

pósito de alguns destes artigos, em que a frase sai assim um pouco mais alegre. Você ri de tudo, dizia-me ele".

Em Machado de Assis, o fato em si tem importância menor. O que interessa é a reflexão que esse fato provoca.

"Eu gosto de catar o mínimo e o escondido. Onde ninguém mete o nariz, aí entra o meu, com a curiosidade estreita e aguda que descobre o encoberto."

Machado cronista escreveu para diversos jornais, mas não se vá imaginar que no Brasil da época era possível viver de escrever. Não! Para sobreviver, aceitou um emprego público que lhe garantiria o sustento.

Machado vivia rodeado de amigos, como se vê nesta foto de 1901. Em pé aparecem Artur Azevedo, Inglês de Sousa e Olavo Bilac, entre outros.

A ascensão na carreira burocrática vai ocorrendo paralelamente à sua consagração como escritor. Oficial de gabinete de ministro, membro do Conservatório Dramático, oficial da Ordem da Rosa... Em 1889, o mais alto grau da carreira: diretor de um órgão público, a Diretoria do Comércio. Aos poucos, foi chegando a estabilidade econômica e mais tempo para escrever.

Durante quarenta anos Machado escreveu suas crônicas. Utilizando-se das histórias do dia a dia, o escritor ia refletindo sobre a História que se desenhava à sua volta.

Alguma coisa anda no ar: um papagaio ou uma república?

Em meados do século XIX, o mapa socioeconômico do Brasil parecia um quebra-cabeça... desmontado. Diferenças regionais profundas, em todos os setores, num país gigante, com uma população estimada grosseiramente em 7 milhões de habitantes. Pouca gente para muito país. Dessa pouca gente, pouquíssimos decidiam.

Quem mandava nas terras eram os cafeicultores do Sul, os criadores de gado e os donos dos extensos canaviais nordestinos. Mandavam na terra, nos escravos, no dinheiro, na política. Em tudo.

Ao lado dessa restrita classe dominante, formava-se uma burguesia dedicada ao comércio, que logo, logo ia começar a querer interferir nos destinos da nação. Indústria? Nem pensar! Livros, máquinas, calçados, escravos... tudo vinha de fora. E custava dinheiro. Dinheiro que os poucos privilegiados detinham.

Em 1880 o Brasil era o único país do mundo ocidental que ainda admitia o trabalho sob regime de escravidão. No entanto, desde 1850, quando Machado ainda era um menino, já se havia concretizado o primeiro passo da luta abolicionista, com a extinção do tráfico de negros. Isso na teoria, porque na prática o caso era outro. Com a decadência da produção de cana-de-açúcar e o florescimento da lavoura de café no Sul, os senhores de engenho vendiam os escravos para os cafeicultores do Sul. Extinguira-se o tráfico externo, mas intensificara-se o interno.

Em 1871 veio a Lei do Ventre Livre. Em 1888, a Lei Áurea, que finalmente libertou todos os escravos.

Tudo isso, somado aos estragos econômicos provocados pela Guerra do Paraguai, afundou a Monarquia em crise. Havia sinais de República no ar.

Como se sentia diante dessa situação o neto de escravos Machado de Assis? Que registros mereceram, nas crônicas do escritor, esses acontecimentos todos?

Abolição da escravatura: enquanto o povo comemorava, Machado analisava o problema da escravidão em suas crônicas, contos e romances.

Durante muito tempo, acusou-se Machado de permanecer indiferente aos dramáticos problemas sociais que se atropelavam na sua época, como o da escravidão. Logo ele, um homem "de cor"?!

Hoje sabe-se que isso não é verdade. Machado denunciou, de fato, a escravidão. A diferença está em que o tom por ele utilizado na denúncia era diferente do emocionalismo que caracterizava as manifestações abolicionistas. Não seria demais esperar que um homem de 49 anos, de temperamento reservado, tímido até, compartilhasse da paixão que percorria todo o movimento da Abolição? A denúncia de Machado não assumiu uma aura declamatória ou emotiva. Ele preferiu a análise, a reflexão, demolindo a ideia (muito comum na época) da "bondade dos brancos" ao libertar os negros. Em sua obra (crônica, conto, romance) procurou desvendar os mecanismos econômicos e ideológicos que tentavam justificar, primeiro, a necessidade do trabalho escravo e, depois, a contingência imperiosa da libertação.

Em 19 de maio de 1888, seis dias após a assinatura da Lei Áurea, Machado publicou uma crônica sobre o assunto. Observe o tom irônico que o escritor emprega ao tratar da "bondade dos

Foi assim que a *Revista Ilustrada* de 28 de julho de 1885 sintetizou o desmoronamento do Império. A Abolição da escravatura e a Guerra do Paraguai foram fatais para a Monarquia. Na ilustração à direita, alegoria da proclamação da República. Para Machado, a nova ordem política punha em risco a já precária estabilidade do país.

brancos", colocando-se no lugar de um deles:

"[...] toda a história desta lei de 13 de maio estava por mim prevista, tanto que na segunda-feira, antes mesmo dos debates, tratei de alforriar um molecote que tinha, pessoa dos seus dezoito anos, mais ou menos [...] e dei um jantar [...] no intuito de dar-lhe aspecto simbólico. [...] Levantei-me eu com a taça de champanhe e declarei que acompanhando as ideias pregadas por Cristo, há dezoito séculos, restituía a liberdade ao meu escravo Pancrácio; que entendia que a nação inteira devia acompanhar as mesmas ideias e imitar o meu exemplo; finalmente, que a liberdade era um dom de Deus, que os homens não podiam roubar sem pecado [...] Todos os lenços comovidos apanharam as lágrimas de admiração. Caí na cadeira e não vi mais nada. De noite, recebi muitos cartões. Creio que estão pintando o meu retrato, e suponho que a óleo".

A Abolição e a Guerra do Paraguai foram fatais para a Monarquia. Sob a liderança do Exército, proclamou-se então a República, em 1889.

Antes da proclamação, Machado já se pronunciara sobre as ideias republicanas... também de

VIDA & OBRA

modo irônico. Veja o fragmento de um diálogo incrustado na crônica de 11 de maio de 1888:

"– Mas então, quem é que está doido?
– É o senhor; o senhor que perdeu o pouco juízo que tinha. Aposto que não vê que anda alguma cousa no ar.
– Vejo; creio que é um papagaio.
– Não, senhor; é uma república. Querem ver que também não acredita que esta mudança é indispensável?
— Homem, eu, a respeito de governo, estou com Aristóteles, no capítulo dos chapéus. O melhor chapéu é o que vai bem à cabeça. Este, por ora, não vai mal".

Pois é! Segundo Machado, o chapéu da Monarquia ia melhor que o da República. Então, ele estava se posicionando contra uma nova ordem? Não. Contra essa nova ordem, sim. Para ele, o fim do Império poderia significar o fim da estabilidade (ainda que precária) do país. Foi por temer essa instabilidade que Machado se opôs ao que considerava o prematuro advento republicano.

Enfim, Machado não passou ao largo dos grandes acontecimentos de seu tempo. É possível entrever, no registro do cotidiano feito por suas crônicas – assim como posteriormente nos romances –, a ligação com o contexto social mais amplo.

Entre uma crônica e outra, entre uma crítica teatral e um poema, Machado de Assis ia tecendo a parte mais importante de sua obra: o conto e o romance.

E por falar em romance...

Fala o poeta Machado de Assis:

Ai, o amor de um poeta! amor subido!
Indelével, puríssimo, exaltado,
Amor eternamente convencido...

Fala o homem Machado de Assis:

"A minha história passada do coração resume-se em dous capítulos: um amor, não correspondido; outro correspondido. Do primeiro, nada tenho que dizer; do outro, não me queixo; fui eu o primeiro a rompê-lo".

O amor de verdade, de carne e osso, viria na figura de Carolina Novais, de nacionalidade portuguesa e mais velha que o escritor. Em carta, Machado declarou-lhe:

"Tu não te pareces com as mulheres vulgares que tenho conhecido. Espírito e coração como os teus são prendas raras. [...] Como te não amaria eu?"

Carolina Novais, a quem Machado confessou: "Como te não amaria eu?".

Machado e Carolina viveram juntos 35 anos em perfeita harmonia.

Viram-se. Amaram-se. Casaram-se em 12 de novembro de 1869.

Veja mais um trechinho de uma carta a Carolina (as pessoas escreviam muitas cartas naquele tempo...):

"Depois... depois querida, queimaremos o mundo, porque só é verdadeiramente senhor do mundo quem está acima das suas glórias fofas e das suas ambições estéreis".

Mas o desapego a glórias e ambições não resolvia o problema da subsistência. Houve dificuldades antes e depois do casamento, como confessa a um amigo:

"De ordinário é sempre de rosas o período que antecede o noivado; para mim foi de espinhos. [...] agora mesmo estou trabalhando para as necessidades do dia, visto que só do começo do mês em diante poderei regularizar a minha vida".

O casamento durou 35 anos. Consta que na mais perfeita harmonia.

*No ano seguinte ao do casamento publica-se o primeiro volume de contos (*Contos fluminenses*). Não seria ainda nessa obra que o excepcional escritor iria se revelar. A crítica considera apenas medianos os contos desse livro.*

VIDA & OBRA

De qualquer forma, já aparecem características marcantes do estilo machadiano. Veja:

a) *a conversa com o leitor*

"O leitor superficial conclui daqui que o nosso Mendonça era um homem excêntrico. Não era."

Estamos diante de uma novidade: em vez de se esconder para dar a impressão de que narra um fato real, o autor se expõe, para deixar bem claro que o que escreve é ficção.

b) *a ironia*

"Será uma boa mãe de família segundo as doutrinas de alguns padres-mestres da civilização, isto é, fecunda e ignorante."

c) *o estudo da alma feminina*

"Tinha Augusta trinta anos e Adelaide quinze; mas comparativamente a mãe parecia mais moça ainda que a filha. Conservava a mesma frescura dos quinze anos, e tinha de mais o que faltava a Adelaide, que era a consciência da beleza e da mocidade; consciência que seria louvável se não tivesse como consequência uma imensa e profunda vaidade."

Essas características, por vezes conjugadas num mesmo trecho, dão um sabor especial à escrita. Um exemplo:

"Daí a alguns minutos entrava na sala a D. Carlota em questão. Os leitores ficarão conhecendo esta nova personagem com a simples indicação de que era um segundo volume de Augusta; bela, como ela; elegante, como ela; vaidosa, como ela.
Tudo isto quer dizer que eram ambas as mais afáveis inimigas que podem haver neste mundo". ("O segredo de Augusta")

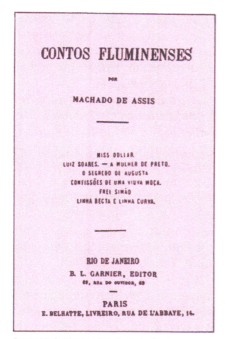

Frontispício da primeira edição dos *Contos fluminenses*.

Machado aos 40 anos. Nessa época, escrevia uma de suas obras-primas: *Memórias póstumas de Brás Cubas*. O revolucionário romance revelaria um escritor plenamente amadurecido.

Três anos depois, surge outro volume de contos: Histórias da meia-noite, *também considerado pela crítica no mesmo nível do primeiro livro.*

Muitas vezes, uma só hora é a representação de uma vida inteira...

Papéis avulsos *(de 1882) é o nome do terceiro livro de contos de Machado.*

O próprio autor comenta:

"Este título de Papéis avulsos parece negar ao livro uma certa unidade; faz crer que o autor coligiu vários escritos de ordem diversa para fim de não os perder".

Nada mais falso que essa impressão, pois nesse livro revela-se a maturidade do contista Machado de Assis. Já falamos em duas fases na obra de Machado. No conto, esse livro marca a passagem para a segunda fase, a fase da maturidade artística.

Papéis avulsos contém algumas narrativas consideradas já clássicas em nossa literatura, como "O alienista", "Teoria do medalhão", "O espelho". O escritor tinha dado um enorme salto de qualidade.

Ao lado de temas já vistos nos livros anteriores, em Papéis avulsos *Machado começa a trabalhar um dos seus outros temas básicos: a loucura. Nesse sentido, o conto "O alienista" é uma obra-prima, de leitura absolutamente indispensável.*

A ironia é o caminho escolhido pelo autor para analisar a ambição e a vaidade humanas: "[...] qualquer que seja a profissão da tua escolha, o meu desejo é que te faças grande e ilustre, ou pelo menos notável, que te levantes acima da obscuridade comum". Palavras do pai ao filho que completa 21 anos, no conto "Teoria do medalhão".

Conversa bem-humorada e constante com o leitor é o que não falta nos textos de Papéis avulsos. *É uma conversa em que o narrador se mostra, fazendo*

VIDA & OBRA

questão de frisar que se trata de ficção o que está contando. Veja como se completa a descrição do personagem Eulália:

"Convenho que nem todas essas particularidades podiam estar nos olhos de Eulália, mas por isso mesmo é que as histórias são contadas por alguém, que se incumbe de preencher as lacunas e divulgar o escondido". ("Dona Benedita")

Na trajetória literária de Machado, Papéis avulsos *assume grande importância, portanto. Revela o amadurecimento de novos recursos de estilo, o aprofundamento de temas anteriores de sua literatura e o surgimento de outros novos. Enfim, a consagração definitiva de Machado como um grande (talvez o maior) ficcionista de todos os tempos em nossa literatura.*

Em vida, Machado publicou ainda Histórias sem data *(1884),* Várias histórias *(1896),* Páginas recolhidas *(1899)* e Relíquias da casa velha *(1906).*

É difícil apontar os melhores contos. Alguns são de leitura indispensável: "A igreja do diabo", "Cantiga de esponsais","Singular ocorrência" *(de* Histórias sem data*); "A cartomante", "A causa secreta", "Um apólogo" (de* Várias histórias*). "Missa do galo" (de* Páginas recolhidas*).*

Essas narrativas revelam o universo dos temas que interessaram a Machado: a loucura, a alma feminina, a vaidade, a sedução, o casamento, o adultério.

E o homem Machado de Assis?

Inútil tentativa a de rastrear a biografia de Machado pelos contos, se entendermos por biografia apenas a sucessão de fatos que ocorrem na vivência de um indivíduo. Com alguns escritores sucede o amálgama entre vida e obra, de forma que aquela se reflete nessa. Não com Machado, que manteve um distanciamento profundo entre uma coisa e outra: quando escreve, transforma-se em observador atento, sutil.

Quem resume bem essa atitude é Carlos Drummond de Andrade, num poema dirigido a Machado de Assis:

Olhas para a guerra, o murro, a facada
Como uma simples quebra da monotonia universal [...]

Com esse olhar, Machado contempla a vida e a transforma em arte da melhor qualidade.

O espetáculo do tédio ou a baba de Caim

"E foi assim que cheguei à cláusula dos meus dias; [...] como quem se retira tarde do espetáculo."

Quem fala é o narrador defunto de Memórias póstumas de Brás Cubas, *comentando sua própria morte. Fica implícita também no trecho uma das comparações frequentes na obra de Machado: a vida encarada como um espetáculo. E que tipo de espetáculo os romances de Machado nos oferecem? A sociedade fluminense na época do Segundo Reinado. Espetáculo tratado de duas maneiras distintas, ao longo da obra.*

Aceitando a divisão de sua literatura em duas fases – conforme já está consagrado pela crítica –, os romances se distribuem desta forma:

1ª fase: Ressurreição *(1872);* A mão e a luva *(1874);* Helena *(1876);* Iaiá Garcia *(1878).*

2ª fase: Memórias póstumas de Brás Cubas *(1881);* Quincas Borba *(1891);* Dom Casmurro *(1899);* Esaú e Jacó *(1904);* Memorial de Aires *(1908).*

Diante dessa esquematização, poderíamos concluir que na trajetória de Machado ocorreu uma mudança brusca, uma verdadeira ruptura no modo de escrever; mas não é verdade. O que aconteceu, como já salientamos, foi o amadurecimento gradual, lento, progressivo, apesar de o primeiro romance da segunda fase ser revolucionário, não só em relação aos anteriores, mas também em relação a toda a história da literatura brasileira.

Como resultado do estudo, da reflexão, da leitura de autores clássicos, Machado vai caminhando em direção à plenitude de seu estilo. E o que se entende, afinal, por plenitude de estilo? Uma maneira de escrever pessoal, própria, inconfundível, com características únicas, só dele. E com qualidade, é claro.

Desde o início, sente-se a preocupação de Machado em desligar-se da moda reinante em sua época, à procura dessa maneira de escrever que carregasse a sua marca pessoal. A obra da segunda fase conclui esse processo.

Obviamente, nenhum artista consegue evitar as influências do momento histórico em que vive. Tendo passado pelo Romantismo e pelo Realismo, Machado assimilou características de ambos, mas não se enquadra radicalmente em nenhum desses estilos.

Podemos dizer, grosso modo, *que os romances da primeira fase tendem ao Romantismo e os da segunda fase, ao Realismo.*

Nos romances da primeira fase, no entanto, juntamente com procedimentos típicos de outros

VIDA & OBRA

Machado de Assis aos 60 anos. "Outros leram da vida um capítulo, tu leste o livro inteiro", escreveu Carlos Drummond de Andrade num poema dedicado a Machado.

autores românticos, já se podem notar algumas novidades. A principal delas: enquanto nos romances românticos os personagens em geral comportam-se de acordo com aquilo que lhes dita a paixão amorosa, Machado cria seres que ambicionam sobretudo mudar de classe social, ainda que isso lhes custe sacrificar o amor. Excetuando Ressurreição, *esse é o tom dos três outros romances dessa fase.*

Nesses romances (como já observamos em relação aos contos dessa fase) sente-se que Machado ainda está cultivando sua escrita, preparando alguma novidade, deixando escapar, vez por outra, alguns ingredientes daquilo que breve nos iria oferecer: o seu inconfundível estilo.

Diante das inúmeras possibilidades de assunto que a vida e a imaginação oferecem, cada escritor seleciona aqueles que lhe despertam interesse e lhe parecem dignos de se transformar em literatura. E cada um trata desses assuntos de diferentes maneiras. Machado centrou seu interesse na sondagem psicológica, isto é, buscou compreender os mecanismos que comandam as ações humanas, sejam eles de natureza espiritual ou decorrentes da ação que o meio social exerce sobre cada indivíduo. Tudo temperado com profunda reflexão. E veja bem: reflexão e análise não se confundem com o simples relato, com o mero ato de "contar histórias".

O romance Memórias póstumas de Brás Cubas *anuncia essas novidades. Nesse livro já fica claro que o interesse do escritor deixaria de recair sobre os fatos que constituem a narrativa (Machado escolhe sempre ações comuns, banais até). O que vai interessar são os labirintos do espírito humano, de onde o escritor extrai seus temas: a morte, a luta entre o bem e o mal (em que o segundo sempre vence), a crueldade, a ingratidão, a sensualidade, o adultério, o egoísmo, a vaidade.*

175

Dois anos antes de morrer, Machado foi fotografado ao lado de importantes personalidades de seu tempo. O primeiro depois de Machado de Assis é Joaquim Nabuco.

"Por que é que uma mulher bonita olha muitas vezes para o espelho, se não porque se acha bonita, e porque isso lhe dá certa superioridade sobre uma multidão de outras mulheres menos bonitas ou absolutamente feias?" (*Memórias póstumas de Brás Cubas*)

"Teme a obscuridade, Brás; foge do que é ínfimo. Olha que os homens valem por diferentes modos, e o mais seguro de todos é valer pela opinião dos outros homens." (*Ibidem*)

"A minha primeira amiga e o meu maior amigo, tão extremosos ambos e tão queridos também, quis o destino que acabassem juntando-se e enganando-me." (*Dom Casmurro*)

Machado chama a atenção para a face negativa do homem e da vida, a face má da natureza humana, jogando para escanteio a bondade e a grandeza. Uma atitude típica daqueles que só enxergam o lado ruim das coisas. E isso tem nome: pessimismo.

"— Não tive filhos, não transmiti a nenhuma criatura o legado da nossa miséria." (*Memórias póstumas de Brás Cubas*)

Nessa visão pessimista, o homem aparece como um ser irremediavelmente corrompido e sem saída diante das forças que comandam seu destino.

"Não se luta contra o destino; o melhor é deixar que nos pegue pelos cabelos e nos arraste até onde queira alçar-nos ou despenhar-nos." (*Esaú e Jacó*)

O espetáculo da vida é, por isso, regido de fora do indivíduo:

"O destino não é só dramaturgo, é também o seu próprio contrarregra, isto é, designa a entrada dos personagens em cena, dá--lhes as cartas e outros objetos, e executa dentro os sinais correspondentes ao diálogo [...]". (*Dom Casmurro*)

É um espetáculo tedioso:

"Tédio por dentro e por fora. Nada que espraiasse a vista e descansasse a alma". (*Quincas Borba*)

Conseguir livrar-se do tédio nesse espetáculo é coisa rara:

"As aventuras são a parte torrencial e vertiginosa da vida, isto é, a exceção". (*Memórias póstumas de Brás Cubas*)

Machado vê tudo impassivelmente, quando não com impiedade. O sofrimento, a dor, o desespero merecem, por parte do escritor, apenas a fria constatação, uma ironia ferina ou até o cinismo.

"O cancro é indiferente às virtudes do sujeito; quando rói, rói; roer é o seu ofício." (*Ibidem*)

"A onça mata o novilho porque o raciocínio da onça é que ela deve viver, e se o novilho é tenro tanto melhor: eis o estatuto universal." (*Ibidem*)

O único romance da segunda fase que se distancia relativamente desse padrão é Memorial de Aires, *em que podemos sentir um tom lírico e uma visão de mundo menos amarga. Nos outros é muito difícil encontrar personagens que revelem pureza, bondade, desprendimento. Quando esses comportamentos ocorrem, são frutos da dissimulação, pois servem só para ocultar algum interesse particular e mesquinho:*

"Quem não sabe que ao pé de cada bandeira grande, pública, ostensiva, há muitas vezes outras bandeiras modestamente particulares, que se hasteiam e flutuam à sombra daquela". (*Memorial de Aires*)

Os personagens são marcados por impulsos contraditórios e, por isso, não podem ser classificados em bons ou maus. Então, no mundo machadiano tudo passa a ser relativo, variável de acordo com o ponto de vista que se assume diante das coisas.

"Todos os contrastes estão no homem." (*Esaú e Jacó*)

"Não se compreende que um botocudo fure o beiço para enfei-

"Estou à beira do eterno aposento." Palavras de Machado pouco antes de morrer. No enterro, o testemunho da fama.

tá-lo com um pedaço de pau. Essa reflexão é de um joalheiro." (*Memórias póstumas de Brás Cubas*)

A própria natureza é vista como mãe e inimiga, pois criou o mundo mas mantém-se impassível diante do sofrimento humano. Constatada a hipocrisia, a maldade, a dissimulação, o que resta como saída? O humor, que funciona como disfarce, como válvula de escape para a angústia e o tédio. Mas que ninguém se iluda: o humor não consegue esconder uma grande amargura. É um humor irônico, e pessimista, melancólico.

"Não te irrites se te pagarem mal um benefício; antes cair das nuvens que de um terceiro andar." (*Ibidem*)

Quanto ao modo de narrar, os acontecimentos aparecem fragmentados e funcionam mais como pretexto para o autor desnudar a essência do ser humano nas diversas circunstâncias de sua vivência. Por isso, a narrativa machadiana não se prende à sequência de começo, meio e fim.

"Que multidão de dependências na vida, leitor! Umas coisas nascem de outras, enroscam-se, desatam-se, confundem-se, perdem-se, e o tempo vai andando sem se perder a si." (*Esaú e Jacó*)

A linguagem, além dos recursos já apontados, surpreende pelo emprego de metáforas e comparações que causam impacto pela originalidade ("[...] desembainha um olhar afiado e comprido"); pelo poder de sintetizar situações em pouquíssimas palavras, criando imagens brilhantes ("Marcela amou-me durante quinze meses e onze con-

tos de réis; nada mais, nada menos"); *pela conversa constante com o leitor, convidando-o a refletir sobre a vida ou sobre o próprio romance que está lendo.*
Sintetizando: para quem vê o mundo dessa forma, tudo é relativo. E, num mundo em que nada é absoluto, não se justifica amar nem odiar. Só restam a indiferença, o ceticismo e, às vezes, a lembrança do passado:

"Creiam-me, o menos mau é recordar; ninguém se fie da felicidade presente; há nela uma gota da baba de Caim". (*Memórias póstumas de Brás Cubas*)

Feliz ano velho

Quando Carolina Novais morreu, em 1904, a vida de Machado de Assis desmoronou.

"Foi-se a melhor parte da minha vida, e aqui estou só no mundo [...] Aqui me fico, por ora, na mesma casa, no mesmo aposento, com os mesmos adornos seus. Tudo me lembra a minha meiga Carolina. Como estou à beira do eterno aposento, não gastarei tempo em recordá-la. Irei vê-la, ela me esperará."

Para Machado, o "eterno aposento" se abriria quatro anos mais tarde.

O desapego à vida dá agora o tom das cartas de Machado aos amigos:

"Após trinta e cinco anos de casados é um preparo para a morte". (*28 out. 1904*)

As únicas coisas que o mantinham vivo eram o carinho dos amigos – tantas vezes expresso em cartas –, o interesse pela literatura e pela Academia Brasileira de Letras, que ajudara a fundar em 1896, e da qual fora eleito presidente primeiro e perpétuo.

"Faço o que posso, mas para mim o trabalho é distração necessária." (*5 jan. 1907*)

Seu derradeiro romance – Memorial de Aires –, começado em 1907, seria publicado em 1908.
Apesar da serenidade que o escritor aparentava, o prazer de viver tinha mesmo se esvaído com a ausência de Carolina.
Vista fraca, infecção intestinal, uma úlcera na língua.
Em 1º de agosto vai à Academia pela última vez.
Lúcido, recusando a presença de um padre – manteve a coerência de quem nunca tinha sido religioso –, Machado morre às 3h20 da madrugada do dia 29 de setembro de 1908.

Decreta-se luto oficial no Rio de Janeiro. Seu enterro, com enorme acompanhamento de figuras conhecidas e do povo, atesta a fama que Machado havia alcançado. Foi sepultado ao lado de Carolina, a quem prometera, no conhecido soneto:

Querida, ao pé do leito
   derradeiro
Em que descansas dessa
   longa vida,
Aqui venho e virei, pobre
   querida,
Trazer-te o coração de
   companheiro.

Máscara mortuária de Machado: fechados para sempre os olhos que tinham desvendado tantos mistérios.

VIDA & OBRA

RESUMO BIOGRÁFICO

1839   Joaquim Maria Machado de Assis nasce no Rio de Janeiro, em 21 de junho.

1855   Publica seu primeiro trabalho, a poesia "A palmeira", na Marmota Fluminense.

1858   Começa intensa colaboração em vários jornais e revistas que, com algumas interrupções breves, manterá pela vida toda.

1864   Publica seu primeiro livro: Crisálidas (*poesias*).

1867   É nomeado para o cargo de ajudante do diretor do Diário Oficial.

1869   Casa-se com Carolina Augusta Xavier de Novais.

1873   É nomeado primeiro-oficial da Secretaria do Estado do Ministério da Agricultura, Comércio e Obras Públicas.

1878/9   Passa uma temporada em Friburgo, por motivo de doença.

1881   Oficial de Gabinete de Pedro Luís, ministro da Agricultura.

1888   Oficial da Ordem da Rosa por decreto do Imperador.

1889   Diretor da Diretoria do Comércio.

1892   Diretor-geral da Viação.

1897   É eleito presidente da Academia Brasileira de Letras, fundada no ano anterior.

1904   Membro correspondente da Academia das Ciências, de Lisboa. Morre sua mulher, Carolina.

1908   Licença para tratamento de saúde (junho). Falece no Rio de Janeiro, em 29 de setembro.

OBRAS DO AUTOR

POESIA

Crisálidas (1864); *Falenas* (1870); *Americanas* (1875); *Poesias completas* (incluindo *Ocidentais*) (1901).

ROMANCE

Ressurreição (1872); *A mão e a luva* (1874), *Helena* (1876); *Iaiá Garcia* (1878); *Memórias póstumas de Brás Cubas* (1881); *Quincas Borba* (1891); *Dom Casmurro* (1899); *Esaú e Jacó* (1904); *Memorial de Aires* (1908).

CONTO

Contos fluminenses (1870); *Histórias da meia-noite* (1873); *Papéis avulsos* (1882); *Histórias sem data* (1884); *Várias histórias* (1896); *Páginas recolhidas* (1899); *Relíquias da casa velha* (1906).

TEATRO

Queda que as mulheres têm para os tolos (1861); *Desencantos* (1861); *Hoje avental, amanhã luva* (1861); *O caminho da porta* (1862); *O protocolo* (1862); *Qua-*

se ministro (1863); *Os deuses de casaca* (1865); *Tu, só tu, puro amor* (1881); *Teatro coligido* (incluindo *Não consultes médico* e *Lição de botânica)* (1910).

ALGUMAS OBRAS PÓSTUMAS

Crítica (1910); *Outras relíquias* (contos) (1921); *A semana* (crônica) (1914, 1937) – 3 vol.; *Páginas escolhidas* (contos) (1921); *Novas relíquias* (contos) (1932); *Crônicas* (1937); *Contos fluminenses* – 2º. vol. (1937); *Crítica literária* (1937); *Crítica teatral* (1937); *Histórias românticas* (1937); *Páginas esquecidas* (1939); *Casa velha* (1944); *Diálogos e reflexões de um relojoeiro* (1956); *Crônicas de Lélio* (1958).